企业研发后补助政策及创新绩效研究
——以贵州省为例

贵州省科学技术情报研究所
（贵州省科技发展战略研究院） ◎编著

科学技术文献出版社
·北京·

图书在版编目（CIP）数据

企业研发后补助政策及创新绩效研究：以贵州省为例/贵州省科学技术情报研究所（贵州省科技发展战略研究院）编著. —北京：科学技术文献出版社，2024.3
ISBN 978-7-5235-1255-5

Ⅰ.①企…　Ⅱ.①贵…　Ⅲ.①企业—技术开发—科技经费—政府补贴—研究—贵州　Ⅳ.① F812.773.02

中国国家版本馆 CIP 数据核字（2024）第 061915 号

企业研发后补助政策及创新绩效研究——以贵州省为例

策划编辑：刘文文　　责任编辑：李　晴　　责任校对：张　微　　责任出版：张志平

出 版 者	科学技术文献出版社
地　　址	北京市复兴路15号　邮编 100038
编 务 部	（010）58882938，58882087（传真）
发 行 部	（010）58882868，58882870（传真）
邮 购 部	（010）58882873
官方网址	www.stdp.com.cn
发 行 者	科学技术文献出版社发行　全国各地新华书店经销
印 刷 者	北京虎彩文化传播有限公司
版　　次	2024年3月第1版　2024年3月第1次印刷
开　　本	787×1092　1/16
字　　数	176千
印　　张	9.25
书　　号	ISBN 978-7-5235-1255-5
定　　价	48.00元

版权所有　违法必究

购买本社图书，凡字迹不清、缺页、倒页、脱页者，本社发行部负责调换

《企业研发后补助政策及创新绩效研究——以贵州省为例》编委会

主　　编　许大英　范　勇

撰 写 人　许大英　张　璐　张卓婧　陈金良

校 稿 人　何昀昆　石庆义　郝　芳

前　言

党的二十大报告指出，"强化企业科技创新主体地位，发挥科技型骨干企业引领支撑作用，营造有利于科技型中小微企业成长的良好环境，推动创新链产业链资金链人才链深度融合"。企业在国家创新体系中的地位上升到新高度。二十届中央全面深化改革委员会第一次会议审议通过了《关于强化企业科技创新主体地位的意见》，强调推动形成企业为主体、产学研高效协同深度融合的创新体系，为新时代新征程更好发挥企业创新主力军作用指明了方向。

各省（自治区、直辖市）纷纷出台政策，支持企业创新，自2015年以来，省级层面发布的研发后补助政策文件有24项，仅有10个省（自治区、直辖市）未出台相关政策。2022年，贵州省委、省政府研究出台《贵州省科技创新实施纲要（2021—2035年）》《关于进一步加强科技创新推动高质量发展的意见》，提出要强化企业创新主体地位，建立健全激励企业的创新体制机制和政策体系，持续支持企业成为技术创新决策、研发投入、科研组织、成果转化的主体。为促进企业加大研发投入，2022年，贵州省科技厅出台《贵州省规上工业企业研发活动扶持计划实施办法（试行）》，对符合条件的企业择优发放研发奖补。

目前，研发后补助政策能否有效提高企业技术创新能力并激发企业加大研发投入，尚未有科学严谨的政策评估。因此，本书以贵州省实施研发奖补的情况为例，提出完善后补助机制的建议，评估研发后补助政策的实施效果，为更好地发挥政府研发奖补资金对企业创新产生的激励效应、提高补助效率提供参考。

本书共包含9章。第一章为绪论，主要介绍研究背景、研究目的及意义、国内外研究现状、研究方法；第二章为理论回顾及概念界定，介绍企业研发活动、政府研发补贴的相关概念、理论，阐述政府研发补贴对企业创新的作用机制；第三章为全国企业创新现状分析，从创新规模、投入、产出、绩效等方面，分析全国企业创新情况及存在的问题；第四章为各省（自治区、直辖市）研发后补助政策对比分析，从内部特征、外部特征及创新效应3个方面比较分析了2015年以来各省（自治区、直辖市）出台的企业研发后补助政策；第五章为贵州省企业创新现状分析，介绍了贵州省企业创新发展的总体情况、趋势和特征，剖析存在问题；第六章为贵州省研发后补助政策实施现状，从企业研发项目管理机制、奖补对象甄别机制、核查机制、流程管理机制、监督管理机制等方面，介绍贵州省规模以上工业企业研发后补助机制；第七章为贵州省研发后补助政策创新效应分析，从定性分析和定量评价两个角度分析研发后补助政策对企业研发投入的有效性和效率；第八章为优化贵州省研发后补助政策的建议，提出优化贵州省规模以上工业企业研发后补助政策、提高后补助效率的路径。第九章为研究展望。

政策评估是一项复杂的工作，由于时间有限、经验有限和能力有限，虽数易其稿，仍有许多不足之处，在此恳请读者提出宝贵意见。

企业研发后补助政策及创新绩效研究课题组

2024 年 1 月

目 录

第一章　绪论 ··· 1
　一、研究背景 ··· 1
　二、研究目的及意义 ··· 2
　三、国内外研究现状 ··· 3
　四、研究方法 ··· 8

第二章　理论回顾及概念界定 ··· 9
　一、相关概念界定 ·· 9
　二、相关理论 ·· 10
　三、政府研发补贴对企业创新的作用机制 ························· 12

第三章　全国企业创新现状分析 ··· 16
　一、创新规模分析 ·· 16
　二、创新投入分析 ·· 18
　三、创新产出分析 ·· 20
　四、创新绩效分析 ·· 21

第四章　各省（自治区、直辖市）研发后补助政策对比分析 ····· 26
　一、政策外部特征分析 ·· 26
　二、政策内部特征分析 ·· 31
　三、政策创新效应分析 ·· 41

第五章　贵州省企业创新现状分析 ······································ 46
　一、企业创新发展的趋势与特征 ······································ 46
　二、经济社会发展对企业创新的要求 ································ 54

第六章 贵州省研发后补助政策实施现状 ································ 61
一、支持企业创新的政策演变 ···································· 61
二、研发后补助政策介绍 ······································ 65
三、研发后补助机制建设情况 ···································· 67
四、研发后补助规模与结构分析 ·································· 76

第七章 贵州省研发后补助政策创新效应分析 ······························ 79
一、定性分析 ·· 79
二、定量评价 ·· 81

第八章 优化贵州省研发后补助政策的建议 ······························ 88
一、扩大受奖补企业覆盖面，完善研发后补助政策 ························ 88
二、建立企业研发活动培育库，完善企业培育机制 ························ 89
三、规范研发过程管理，完善企业研发项目管理机制 ······················ 89
四、精准匹配补贴对象，完善奖补对象甄别机制 ·························· 89
五、强化联动与日常管理，完善核查机制 ································ 90
六、细化奖补程序，完善研发奖补流程管理机制 ·························· 90
七、做好政策宣传，完善监督管理机制 ··································· 91

第九章 研究展望 ·· 92
一、国家科技自立自强背景下企业研发后补助政策的趋势 ··················· 92
二、贵州省"四新""四化"背景下企业研发后补助政策的趋势 ················ 92

附录A 企业主要创新指标 ·· 94

附录B 各省（自治区、直辖市）企业研发投入激励政策综述 ··············· 115

参考文献 ··· 139

第一章 绪论

一、研究背景

（一）国家层面明确了强化企业科技创新主体地位的战略意义

党的二十大报告指出，"强化企业科技创新主体地位，发挥科技型骨干企业引领支撑作用，营造有利于科技型中小微企业成长的良好环境，推动创新链产业链资金链人才链深度融合"，并对"加快实现高水平科技自立自强""强化企业科技创新主体地位""加强企业主导的产学研深度融合"做出系统部署。2022年习近平总书记在中央经济工作会议上提出，"突出企业科技创新主体地位"。2023年1月31日，习近平总书记在中共中央政治局第二次集体学习时强调，"支持企业深度参与全球产业分工和合作，促进内外产业深度融合，打造自主可控、安全可靠、竞争力强的现代化产业体系"。这些重要论述，表明企业在国家创新体系中的地位上升到了新高度，深化了对创新发展规律的认识，更加突出企业在基础研究、应用基础研究、技术创新、成果转化和产业化全过程的主体地位。2023年4月21日，二十届中央全面深化改革委员会第一次会议审议通过了《关于强化企业科技创新主体地位的意见》，强调推动形成企业为主体、产学研高效协同深度融合的创新体系，为新时代新征程更好地发挥企业创新主力军作用指明了方向，我们要深入学习、深刻领会、全面贯彻。

但由于企业技术创新具有非排他性、不确定性和外部性，会增加研发成本和投资风险，抑制其R&D投资的积极性，从而导致市场失灵。因此，政府一般采取R&D补贴等政策工具来弥补企业R&D投资的不足。目前，在我国为企业降税减负趋势背景和中央、地方财政压力不断吃紧的矛盾下，仍可能无法更好地优化R&D补贴政策以提升其补助效率[1]。同时，接受政府R&D补贴的部分企业发展不容乐观，随着骗补和谋补现象的并发，政府R&D补贴是否达到初衷效果还有待商榷。

（二）当前贵州省企业创新主体地位存在的一些短板

贵州省研发投入的75%以上来自企业，企业是科技创新的基本盘，是推动经济高质量发展的坚实支撑。但是当前，企业参与全省科技创新决策的机制不健全，企业的参与范围、比例及话语权相对较弱，企业作为出题人、答题人和阅卷人的作用发挥不够，尤其是企业作为研发投入的主体，近年来，贵州省规模以上（简称"规上"）工业企业 R&D 经费内部支出每年增长率（2018—2022 年分别为 17.53%、19.19%、15.75%、14.9%、8.87%）整体呈下降趋势。2020 年由于疫情受下游需求减少、物流不畅等因素影响，部分企业的经营状况不容乐观，随着生产和经营成本的不断上涨，企业面临着资金短缺的问题，从而减少了研发投入。规上工业企业 R&D 经费内部支出的增速甚至由 2019 年的 19.4% 下降至 2022 年的 8.8%，占全社会 R&D 经费的比重由 2016 年的 73.28% 下降至 2022 年的 66.1%，规上工业企业中有研发活动的企业占比自 2018 年以来首次出现下降，由 2021 年的 31.3% 下降至 2022 年的 25.4%。因此，针对近年来贵州省规上工业企业研发投入出现下降的现状，迫切需要研究有效措施，支持规上工业企业开展研发活动，加大研发投入。

（三）贵州省积极探索后补助支持方式，激发企业技术创新

根据《关于进一步加强科技创新推动高质量发展的意见》中"实施规上工业企业研发活动扶持计划。建立规上工业企业研发活动扶持机制，到 2025 年，有研发活动的规上工业企业占比达 70% 以上"的要求，贵州省科技厅自 2022 年启动建设全社会研发项目库，作为企业研发投入的判定依据，制定出台《贵州省规上工业企业研发活动扶持计划实施办法（试行）》，2022 年、2023 年先后对符合条件的 226 家、550 家规上工业企业进行了研发奖补，激发企业开展研发活动。

贵州省将连续 2 年实施规上工业企业研发活动扶持计划，对企业研发进行后补助，但这种科技投入方式能否有效提高企业技术创新能力并引导企业加大研发投入，截至目前，不论是学术界还是政府有关部门，都尚未进行科学严谨的政策评估，现亟须科学合理地评估研发后补助政策的实施效果。本研究根据 2022 年、2023 年贵州省实施奖补的情况，提出规范管理研发项目库，完善后补助机制的建议；根据 2022 年获奖补的规上工业企业抽样评估情况，科学合理地评估研发后补助政策的实施效果。可以更好地发挥政府研发奖补资金对企业创新产生的激励效应，提高补助效率，促进企业加大研发投入，进一步提升企业的创新主体地位。

二、研究目的及意义

（一）研究目的

（1）通过梳理企业研发活动的含义及影响因素、政府研发补贴理论及政府研发补贴对企业创新的作用机制，为研究奠定理论基础。

（2）从创新规模、投入、产出、绩效等方面，分析全国企业创新情况及存在的问题。对比分析 2015 年以来各省（自治区、直辖市）出台的企业研发后补助政策的内部特征、外部特征及创新效应。

（3）分析贵州省企业创新总体情况、趋势和特征，剖析存在问题。分析贵州省经济社会高质量发展对企业创新的需求。

（4）从研发后补助对象、申报流报、企业研发投入的判定依据、后补助标准、资金安排与管理等方面，介绍贵州省规上工业企业研发后补助政策制定情况。从企业研发项目管理机制、奖补对象甄别机制、核查机制、流程管理机制、监督管理机制等方面，介绍贵州省规上工业企业研发后补助机制。分区域、分领域分析2021年、2022年贵州省规上工业企业研发后补助总体情况及存在的主要问题。

（5）从定量分析和实证分析两个角度，分析研发后补助政策对企业研发投入的有效性和效率。

（6）提出优化贵州省规上工业企业研发后补助政策、提高后补助效率的路径。

（二）研究意义

本研究从贵州省微观企业研发项目库层面出发，研究企业研发项目标准化管理模式，并将此作为判定企业研发投入的依据，在分析研发后补助政策的基础上，客观评价政策实施效果，这对完善贵州省研发后补助政策，进一步促进企业研发投入具有重要的理论和现实意义。

（1）理论意义。通过梳理影响企业研发活动的因素，分析研发后补助政策影响企业研发投入的作用机制，为分析贵州省研发后补助对企业研发投入的影响提供了理论支撑。

（2）现实意义。一是拓展企业研发项目标准化管理的应用范畴。科学判断企业研发项目，从项目入库范围、入库项目统一编号管理、退库动态管理、建立项目库的职责与分工等方面，探索企业研发项目的标准化管理模式，为加快研发项目库标准化、规范化、系统化管理提供更多依据。二是完善政府研发投入的导向机制。本研究结合规上工业企业新产品开发绩效，科学评估企业研发后补助政策的实施效果，提出提高贵州省规上工业企业研发后补助效率的路径，对优化贵州省研发后补助政策、有效建立企业研发经费投入增长的正向循环机制具有重要的现实意义。

三、国内外研究现状

（一）研究总体情况

从研究主题出发，以"主题 ='R&D 补贴 企业技术创新 'or 题名 =' 政府补贴 企业技术创新 '"为检索条件，在 CNKI 数据库中检索时间跨度为 2002 年 1 月 1 日至 2022 年 9 月 30 日的中文文献。同时，为避免样本数据遗漏，对所确定的样本数据引用及被引进行文献追溯，剔除非相关样本数据，增加关联度高的参考文献，最终获得165篇样本文献。

（1）研究趋势。从样本年发文量绘制的文献发展趋势可见，我国早期研究成果数量较少、年度增长缓慢且分布分散，直至2012年以后呈显著增长趋势。2022年发文量继续攀升，达到35篇的峰值，说明政府R&D补贴与企业技术创新是近10年的研究热点，且热度不减（图1-1）。

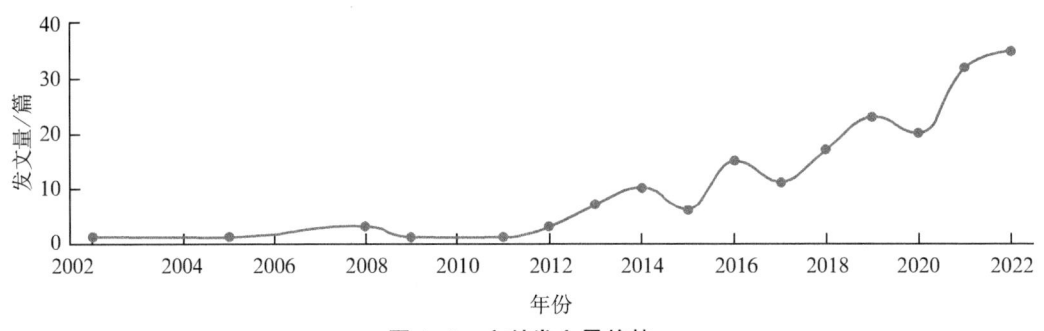

图1-1 文献发文量趋势

（2）研究机构分布。目前，学术界涌现出一批聚焦政府R&D补贴与企业技术创新研究的代表性研究机构和学者。从研究机构分布情况可见，该领域关注度较高的研究机构主要集中在高校，依次是重庆工商大学、南京大学、南京财经大学、东北财经大学、武汉大学等（图1-2）。

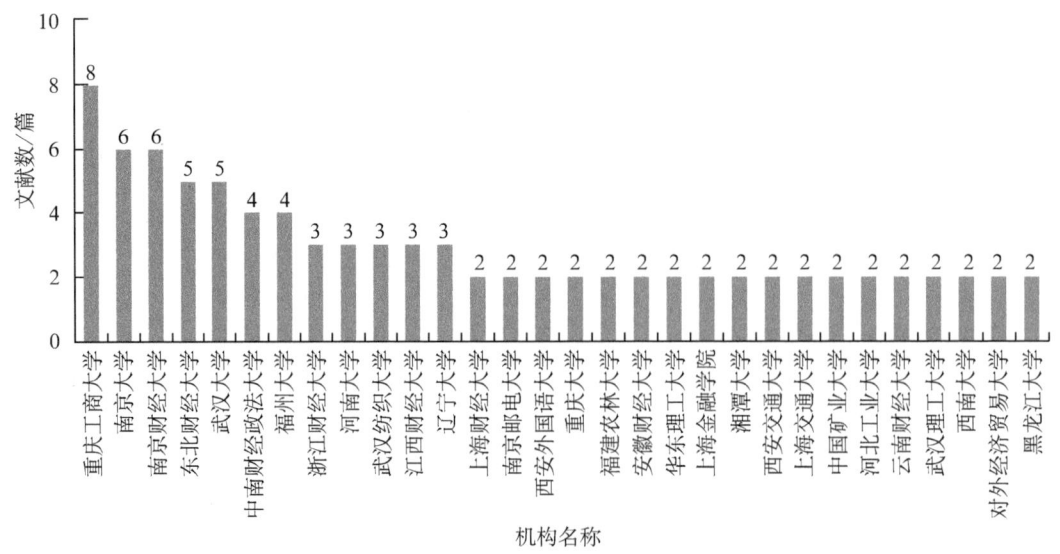

图1-2 研究机构分布

从作者文献被引情况看，对外经济贸易大学的吴剑峰、杨震宁[2]发表的《政府补贴、两权分离与企业技术创新》对后续研究产生的影响较大，文章被引160次，是至今该领域最高被引文章。该篇文献结合资源基础理论和委托代理理论提出了权变的观点，认为政府补贴能否有效地促进企业的技术创新在很大程度上取决于企业能否处理好所有权与管理权、现金流权与控制权的委托代理关系，结果对政府的研发补贴政策和企业的治理结构调整具有一定的理论指导意义。中央财经大学商学院的刘小元、林嵩[3]从技术创新资源配置和创新产出双重视角进行研究，提出地方政府补贴与创业企业研发资金投入呈正相关关系，支持地方政府补贴的激励效应假说。同时，地方政府行为对创业企业技术创新的影响存在时滞性，为学术界开展后续研究提供了扎实的研究基础，共计被引用156次。赵中华、鞠晓峰[4]通过对技术溢出和政府补贴影响企业技术创新活动的理论进行分析，并实证检验了技术溢出与政府补贴对于企业创新行为的影响，提出政府补贴能够促进军工企业技术创新研发，但作用并不十分显著。研究成果具有较高影响力，共计被引用106次。李香菊、贺娜[5]针对研发投入、中间产出和产成品3个阶段，研究了税收激励对企业技术创新的影响，发现税收激励不仅有利于当期，而且有利于未来技术创新水平的提升。但税收激励对企业技术创新的长期正向促进效应不具有稳健性，尤其不利于研发成果的转化。研究成果对后续研究产生了较大影响，共计被引用88次。

（3）研究焦点分析。为进一步丰富对文献内容的认知，本研究对样本文献的主要主题进行分析，制作出高频关键词统计图。从图1-3可见企业技术创新、技术创新、政府补贴、R&D、政府R&D补贴、财政补贴等高频关键词交叉出现。研究焦点主要集中在产业政策、技术创新效率、风险投资、融资约束、环境规则、高新技术、激励效应等内容。

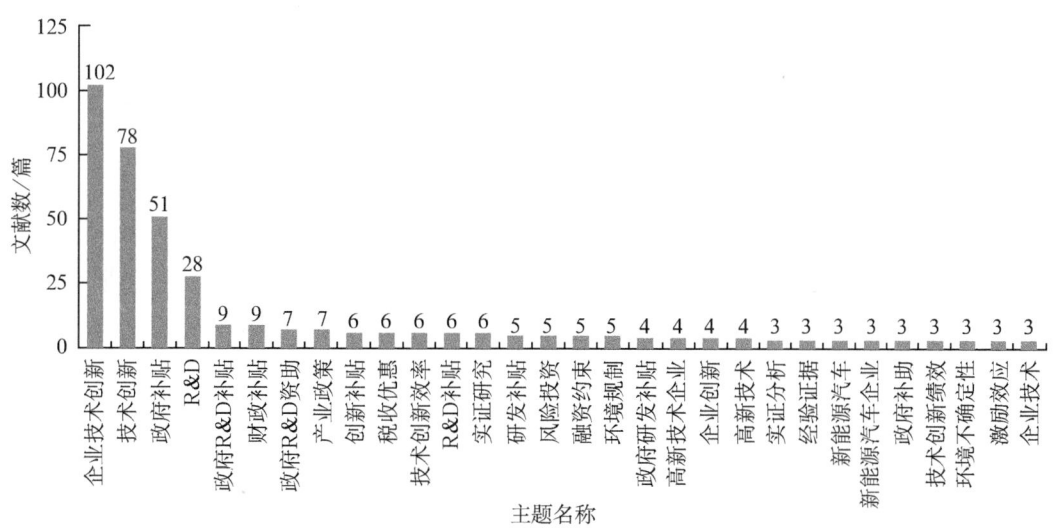

图1-3　主要主题分布

（4）基金分布分析。基金支持在一定程度上反映出文献的"含金量"。从样本文献的基金支持情况看，国家社会科学基金、国家自然科学基金的支持占据榜首，且遥遥领先。说明"政府 R&D 补贴与企业技术创新"是国家重点关注的理论现实问题，样本文献对本学科领域的理论研究具有引领带动作用，对优化政府补贴政策具有一定的参考价值（图1-4）。

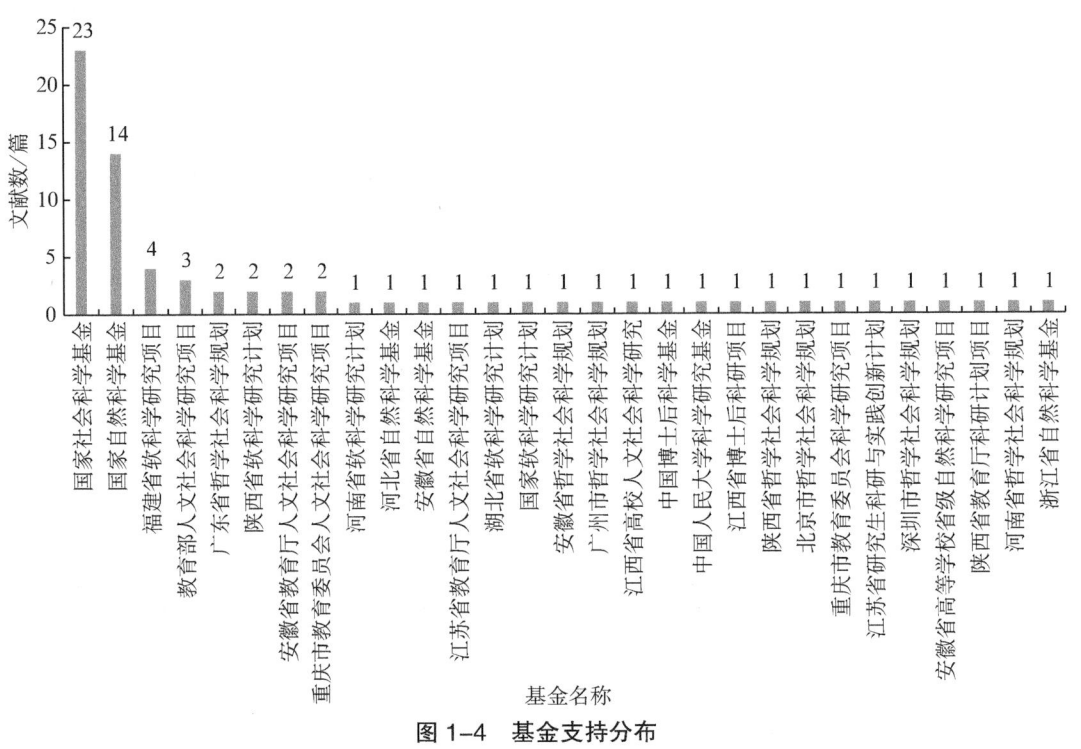

图 1-4 基金支持分布

（二）文献综述

近年来，学术界对企业研发后补助机制研究主要涉及以下 5 个层面。

（1）政府 R&D 补贴对企业创新的影响效应。主要有激励效应和挤出效应两种主流观点。其中，激励效应的学者认为政府 R&D 补贴对企业技术创新的投入和产出均具有正向促进作用。例如，郭迎锋等（2016）、伍健等（2018）均认为由于政府 R&D 补贴会降低企业开展研发活动的风险预期，R&D 补贴可溢出到企业其他研发项目中，且知识的溢出性提升了其他研发项目的成功概率，致使政府 R&D 补贴对企业 R&D 投入具有激励效应。挤出效应的学者认为政府补贴对其他主体研发投入产生抑制影响。例如，徐宝达等（2017）、夏玲等（2020）认为政府 R&D 补贴会增加创新要素的需求量，导致要素价格上涨，抑制企业 R&D 投入，或对企业 R&D 投入产生直接替代，或引发资源配置扭曲，进而影响创新能力较强的企业开展研发的积极性；任优生等（2017）认为在东部地区、国有企业及低资本密集度企业，政府补贴和企业 R&D 投入对全要素生产率表现出更强的抑制影响。

（2）政府 R&D 补贴与企业 R&D 投入之间的关系。有学者认为政府 R&D 补贴对企业 R&D 投入的影响受激励效应、挤出效应、门槛效应、时间因素等影响，导致政府 R&D 补贴与企业 R&D 投入之间并非呈直接的线性关系。例如，张杰等（2015）、武咸云等（2016）均发现政府 R&D 补贴与企业技术创新呈倒"U"形曲线关系；吴俊和黄东梅（2016）发现政府 R&D 补贴对企业技术创新存在基于政府 R&D 补贴强度的双重门槛效应，其影响作用随着政府 R&D 补贴强度的增加而减少。

（3）政府 R&D 补贴对企业面临的融资约束产生的影响。部分学者认为企业传递获得政府 R&D 补贴的相关信息有利于提高资本市场的认知和认可水平，从而利于缓解企业的融资约束问题。例如，刘憧（2018）、李晓燕（2019）皆发现政府 R&D 补贴可以在一定程度上缓解企业面临的融资约束，受融资约束较高的企业 R&D 投资的激励作用更大，并且直接补贴相较于间接补贴对融资约束的缓解作用更明显，非国有企业比国有企业更显著。

（4）企业研发资金、政府 R&D 补贴与企业技术创新三者的关系。部分学者认为政府 R&D 补贴对企业技术创新的影响受地区、行业或企业性质、规模等影响，具有异质性。企业研发资金在政府 R&D 补贴与企业技术创新产出的关系中具有中介效应。例如，张翎（2020）、邹文卿（2021）、陈千（2022）均发现企业研发资金和人员投入在政府 R&D 补贴与企业技术创新产出的关系中具有部分中介效应，且 R&D 人员投入的中介效应相比经费投入更加明显。

（5）政府 R&D 资助效果的影响因素。部分学者认为，政府 R&D 资助效果受工业化阶段、社会环境、知识产权保护水平、市场环境、创新活动阶段、补贴方式等的显著影响。例如，廖信林（2015）认为政府 R&D 资助对企业自身 R&D 投入存在的杠杆效应随着工业化阶段的发展而不断增强；武咸云等（2016）认为企业所处地区政治环境越差、反腐败力度越弱，R&D 补贴的效应越不显著，反之亦然；赵悦祺（2016）认为对于传统产业，政府补贴与知识产权保护对企业 R&D 投资有显著为正的协同效应。对于高技术产业，政府补贴均促进企业 R&D 投资，但政府补贴与知识产权保护的协同效应不显著；尹小璠（2022）认为政府 R&D 直接补贴不能通过增加企业研发投入从而进一步促进企业长期绩效的提升，而 R&D 税收优惠可以通过增加企业的研发投入进而有效提升企业长期绩效。

总体来看，现有研究主要探讨政府 R&D 补贴对企业技术创新的后期影响和作用、研发投入后补助政策的利弊，对企业研发项目标准化管理模式、研发投入后补助政策的实施效果等方面的研究较少。本研究将研究重点转向探索企业研发项目标准化管理模式，并将此作为判定企业研发投入的依据，结合规上工业企业新产品开发绩效，科学评估研发投入后补助政策对企业研发投入的有效性，进一步丰富政府研发投入后补助政策的研究内容。

四、研究方法

（一）理论与实际相结合的方法

基于市场失灵理论、信息不对称理论、融资约束理论等，政府研发补贴对企业创新产生的作用机制，结合现有全社会研发项目库和规上工业企业研发后补助政策等实际，尝试从多角度、较为系统地研究企业研发项目标准化管理模式，从定性、定量两个角度评估贵州省企业研发后补助政策的实施效果，为科学规范设计后补助政策、提高补助效率提供理论与实践依据。

（二）定性与定量相结合的方法

一方面，从贵州省企业研发后补助政策实施取得的成效和存在的主要问题，定性分析贵州省企业研发后补助政策的实施效果；另一方面，从定量角度分区域、分领域介绍贵州省 2020—2023 年企业研发项目库填报情况，规上工业企业研发后补助总体情况，并根据 2022—2023 年实施研发奖补的数据，分析研发后补助政策执行绩效。

（三）规范分析与实证研究相结合的方法

运用系统思想，研究企业研发项目库的标准化、规范化、系统化管理模式。选取贵州省规上工业研发奖补 2022—2023 年数据作为样本，实证分析研发后补助政策对企业研发投入的有效性。通过规范分析与实证研究相结合，更加科学地评估贵州省企业研发后补助政策的实施效果。

（四）比较分析法

将规上工业企业按照不同区域、不同行业技术领域进行分组，对比分析贵州省 2020—2023 年企业研发项目库填报情况、2022—2023 年贵州省规上工业企业研发后补助总体情况。

第二章　理论回顾及概念界定

一、相关概念界定

（一）研究与试验发展

研究与试验发展，简称"研发"，英文缩写为 R&D。是指为增加知识存量（也包括有关人类、文化和社会的知识）及设计已有知识的新应用而进行的创造性、系统性工作[6]，包括基础研究、应用研究和试验发展 3 种类型。因此，R&D 作为技术创新活动的核心内容，是科技活动中最具创造性和创新性的部分。

（二）企业研发活动

实施 R&D 活动的主体包括企业、科研院所和高等学校，2022 年全国 R&D 经费内部支出为 3.08 万亿元，企业 R&D 经费内部支出为 2.39 万亿元，占比达到 77.6%。可见，企业是实施 R&D 活动的重要主体。企业研发活动是指企业为获得科学与技术新知识，创造性运用科学技术新知识，或实质性改进技术、产品（服务）、工艺而持续进行的具有明确目标的系统性活动。

（三）政府研发补助

根据《奥斯陆手册：创新数据的采集和解释指南（第 3 版）》中的定义，以不同来源研发资金分为企业自有资金、含贷款和补助金在内的政府资金、含银行贷款和风险投资在内的金融企业资金、非金融企业资金、关联企业资金、跨国家和国际组织资金等，其中政府资金作为研发资金的主要来源之一，为开展创新活动提供了必要的资金支持与保障。通常研发经费支出中政府资金的部分包括来自各级政府部门的科学基金、财政拨款、预算外资金、相关部门事业费等。政府研发补助本质是完善和利用激励制度，从而有助于提升行业研发创新的积极性，提高经济绩效。

（1）前补助和后补助。根据补贴时间阶段，分为前补助和后补助。前补助是指由政府相关部门与项目承担单位通过签订合同方式，约定工作内容任务、绩效目标、完成时限、资金投入、验收方式等内容，在项目执行前先行投入财政资金，待合同到期后对项目进行检查验收和绩效考核的财政扶持方式，是我国目前主要的资助方式，但是存在门槛高、风险大、权力寻租等问题。后补助是指企业先行投入资金，取得相应绩效，由政府相关部门按规定程序进行审核后，给予相应补助的财政扶持方式。后补助具有以下优点：一是普惠性，研发后补助扩大了补助对象和范围，涵盖了大中小微企业，有利于营造公平竞争的市场环境，充分发挥科研资源配置中市场的关键作用，避免市场失灵的出现；二是低门槛，研发后补助政策门槛较低，操作简单，进一步优化政府管理成本，同时调动企业开展研发活动的积极性；三是低风险。按照后补助流程，当研发项目通过验收标准后才给企业拨付补助，这保障了经费的安全性，提高了科研经费的使用效率，避免了前补助专家评审过程中因主观因素造成的偏差，降低了立项风险[8]。

（2）直接补贴和间接补贴。根据补贴方式，分为直接补贴和间接补贴。直接补贴是政府直接对研发主体进行补贴，具有迅速、直接、明显的特点，但补贴对象一般会选择有研发基础的大型企业，存在不公平问题。主要包含补贴率、创新专项配套资金、科技奖励、科技创新券、人才补贴等形式。其中，补贴率属于后补助，是指政府按比例对企业投入的研发支出进行补贴；创新专项配套资金是指政府针对专门的科技创新项目给予的补贴；科技奖励属于后补助，一般是企业或内部员工取得某领域的科研成果后，由政府出资对其奖励，以此来调动企业或员工自主研发的积极性；科技创新券属于后补助，是政府免费向中小科技企业或创新团体发放的"权益性证书"，企业等创新研发活动结束后，在相关平台提交证明材料，凭券免费或低价购买科研机构的创新成果或服务；人才补贴属于前补助，包括落户补贴、住房补贴、子女就近入学等相关政策[8]。间接补贴是指政府对符合条件的企业给予税收上的直接减免或先征后退等，从而减轻其缴纳税金的压力，主要有研发费用加计扣除、低所得税率、增值税返还、加速折旧和个人所得税减免等，间接的税收优惠政策具有市场干预强、管理成本低、灵活程度高等特点。只要符合相关法规的条件就能申请享受税收优惠，比财政直接补贴更具有普惠性、公平性。通常采用的政策工具主要有税收优惠、科技溢出、资助成果赠予及其他政策扶持。税收优惠主要有税收减让、税收减免、特别税率减免、延期纳税、加速折旧、设备的免税购置等；科技溢出是企业可以有偿或无偿使用政府资助高校、科研院所、实验室等从事R&D活动获得的成果，故可以看作政府资助企业的一种间接方式；资助成果赠予是政府将资助形成的研究成果赠予资助对象[9-10]。

二、相关理论

（一）公共物品理论

公共物品是指能够被社会各成员共享、具有非竞争性和非排他性、与私人物品相对的物品。公共物品的特性具体表现为增加消费者也不会影响该公共物品对其他消费者的供给，并且不能排斥任何人对该物品的使用和消费[11]。技术创新成果作为一种公共物品，其非竞争性和非排他性将产生两个方面的影响：一方面，以追求利润最大化为目标的生产者将不再向社会提供这种无法按市场规则收费的产品，即鲜有企业进行自主创新；另一方面，各企业都寄希望于别的企业进行积极创新，而自身免费"搭便车"借鉴或模仿已有创新成果，最终将导致没有企业愿意在无知识产权保护时进行创新。

（二）外部性理论

外部性是指个体的付出、回报与社会的付出、回报之间存在不对等关系，即在社会经济生活中，个体自身行为对社会中其他个体产生影响，但是其他个体并没有因为受到正面影响而支付代价，也没有因为受到负面影响而得到补偿[12]。根据其作用效果可分为正、负两种外部性。

（1）正外部性。指个体或企业的经济行为导致其他个体或企业得到益处，但是无法要求受益者补偿其发生的成本[13]。在本研究中表现为进行研发活动的企业除了为自身带来效益也为其他主体带来好处的现象。由于创新活动需要高投入且企业无法完全占有其技术创新成果，即使其研发成本小于其创新效益，在进行研发活动时企业收益仍小于其产生的全部收益，这就与完全竞争市场成本与收益对等原则相背离，因而降低了整个社会的经济效率，同时也打击了企业开展研发活动的积极性。

（2）负外部性。指个体或企业的经济行为使其他个体或企业遭受损失，但自己不用付出任何成本[13]。企业进行创新研发活动是一个长期的过程，且充满不确定性，其他企业可以通过学习、借鉴、复制等方式来获取已有的研究成果，这些企业无须承担因进行创新活动带来的全部成本，因此其创新成本将小于其创新成果的全部成本。未被该类企业承担的成本将转嫁给积极进行自主创新的企业，资源的最优配置便无法实现[14]。

（三）市场失灵理论

该理论源自技术创新的外部性问题。由于外部性在一定程度上损害了企业创新活动的积极性，导致技术创新蜕变为"等待博弈"——企业不求自主创新，唯求搭便车，进而出现市场失灵问题，影响社会技术水平的提高。在这种情况下，政府需要采取措施来纠正市场失灵，促进创新资源的有效配置[15]。在众多手段中政府对研发活动的补贴就是最直接的一种，政府通常采用提供研发补贴的方式，改变企业内部研发投入，促进企业进行技术创新活动。

（四）信息不对称理论

在企业向政府申请 R&D 补贴的过程中，由于政府与企业之间存在较大程度的信息不对称等，可能存在企业利用自身信息优势以刻意隐瞒、虚假申报的方式骗取政府

R&D 补贴，企业获得 R&D 补贴后，在利益最大化目标的驱使下，并未将补贴资金用于研发或真正的创新活动。因此，需借助政府的调控来实现资源配置效率的优化[16-17]。

（五）经济增长理论

根据新古典经济增长理论和内生经济增长理论，技术进步对经济增长具有促进作用，研发活动及由其带来的科技创新是经济可持续增长的基础。因此，政府 R&D 补贴作为重要的国家政策工具之一，可以发挥对企业创新资源的高效配置作用，有效激励企业创新，促进经济增长[18-19]。

（六）寻租理论

该理论由塔洛克于 1967 年提出，是指借助政府力量来谋取私人利益的行为，它是一种人为创造的非生产性活动。例如，某企业明知其他企业拥有更先进的管理和技术，不是寻求正规渠道引进学习相应技术，而是绞尽脑汁诱使政府采取保护政策，阻止先进企业加入竞争，以维护自身的既得利益。甚至一部分企业利用各种手段享受政府提供的特殊政策，如通过税收和补贴重新在企业之间分配社会经济利益，享受其他企业为其带来的好处，从而获得一种经济租。寻租活动造成了经济资源配置的扭曲，阻止了更有效的生产方式的实施，它们本身白白耗费了社会的经济资源，使本来可以用于生产性活动的资源浪费在这些对社会无益的活动上，这些活动还会导致其他层次的寻租活动或"避租"活动，如政府官员在这些活动中享受了特殊利益，引发政府权力的滥用。同时，利益受到威胁的企业也会采取行动"避租"，与之抗衡，从而耗费更多社会经济资源[20]。

（七）融资约束理论

由于研发活动具有高保密性和研发费用披露的自愿性，使得研发企业和投资者之间信息不对称，投资者无法获取研发项目的真实情况，对企业研发活动缺乏专业性评估，为保护自身利益往往要求企业承担高额的融资成本，导致企业外部融资成本远高于内部融资成本，企业在创新过程中普遍面临着融资约束及创新动力不足等问题。为此，需要政府通过为企业研发活动投资或税收优惠等行为，缓解企业研发活动面临的融资约束困境[16, 21-22]。

三、政府研发补贴对企业创新的作用机制

（一）挤入效应

政府研发补贴政策是基于企业上一年度整体实际发生的研发投入，通过影响企业研发资金的供给曲线进而影响企业研发投入，获得研发补贴显著提高了企业均衡研发

投资额，因此政府研发补贴对企业创新具有挤入效应。具体表现在矫正外部性、缓解企业资金压力、降低创新活动风险、促进创新机制的形成等方面[23]，如图2-1所示。

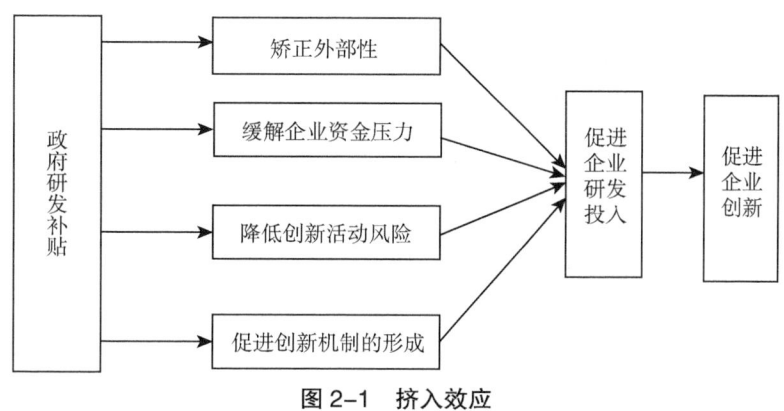

图2-1 挤入效应

（1）矫正外部性。企业进行研发活动除了为自身带来效益，也为其他主体带来好处，这使得企业收益小于其研发活动所产生的全部收益。这将抑制企业开展创新的积极性，不利于企业创新活动的进行。在一定程度上，政府研发补贴弥补了由于技术溢出而造成的额外损失，通过直接发放补贴资金提高企业创新活动的预期收益，激励企业提高研发投入，从而促进企业创新。

（2）缓解企业资金压力。企业在进行研发活动时常常面临融资难、资金短缺等问题，因为研发活动整个过程都需要充足的资金保障，一旦资金链断裂将造成不可弥补的损失。政府研发补贴不但解决了资金不足的问题、显著降低了企业研发资金成本、激发了企业进行创新活动的积极性，而且还会刺激企业将更多的资金投入研发活动中，降低企业创新活动中资金短缺的风险，保障研发活动顺利开展，从而对企业创新产生正向的挤入作用。

（3）降低创新活动风险。企业研发活动具有不确定性的特点，在企业研发活动的起始阶段，启动资金较大，企业承担较大的研发失败的风险，而政府研发补贴能够覆盖部分企业创新活动中的较大部分成本，降低了沉没成本，分散了企业研发风险，使得企业经理人在制定企业战略的时候，不再担心自身利益受到损害，增强了开展创新活动的信心，提高了企业创新活动成功的可能性，对企业创新活动产生正向的激励作用。

（4）促进创新机制的形成。由于市场信息不对称，越高风险的研发项目越难获得风险投资，政府研发补贴给予企业的不仅是资金上的支持，同时这种资金还具有信号传递的作用。得到政府研发补贴的企业不仅得到资金的支持，更是得到政府对于企业创新活动的认可。政府研发补贴通过扮演信号传递的角色，在企业质量、研发项目认证上具有信号传递作用，向外部资金持有者传递企业内部信息，使企业的创新活动受到更多外部投资者的青睐，企业能够筹集到更多的资金用于企业的创新活动，缓解融资约束。进而有利于企业创新活动的良性运转，为成熟的企业创新活动机制的形成创造有利的条件。

（二）挤出效应

研发活动的主动权和决策权在于企业自身，政府研发补贴在一定程度上是对市场进行的干预，导致市场之间的不公平竞争。因此，对企业创新具有挤出效应，具体表现在提高企业创新要素价格、造成政府过度干预、导致企业寻租行为等方面[24]，如图2-2所示。

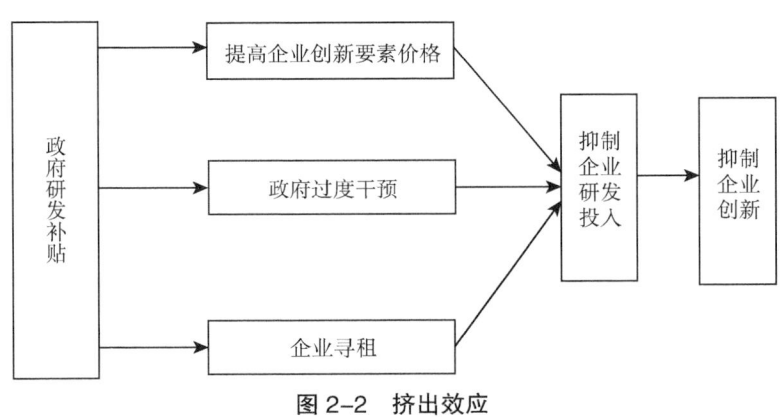

图 2-2　挤出效应

（1）提高企业创新要素价格。由于政府研发补贴能够降低企业研发活动的成本，从而激励企业开展研发活动，但是大量企业创新活动的开展必然使得市场上创新要素需求的增加，假定市场上创新要素的供给不变，创新要素需求的增加必然导致要素价格的上升，这将会增加企业创新活动边际成本，降低企业对于创新活动的预期收益，打击企业进行创新活动的积极性，进而对企业创新活动产生挤出作用。

（2）造成政府过度干预。相较于外部融资，企业获取政府研发补贴的成本更低，过程更为简单，所以企业更倾向于申请政府研发补贴而不是自有资金的投入或者外部融资。这导致使用自有资金也能够顺利地进行企业创新项目，在政府研发补贴的干预下，降低企业自有资金投入创新活动中的意愿，这对企业创新活动产生挤出作用。同时，政府和企业自有资金均倾向于成功率大、回报率高的项目进行研发补贴，而这时候企业将获得的政府研发补贴去代替企业自身的研发投入，进而对企业创新产生挤出作用。

（3）导致企业寻租行为。政府通常管控土地、资本等关键要素的价格，企业为了获取政府研发补贴通常会积极与政府建立合作关系，通过寻租行为获取政府研发补贴，当企业的寻租成本小于外部的融资成本和内部的投资成本时，企业就会通过寻租行为获取政府研发补贴，这种非生产性的寻租成本直接对企业的创新活动产生挤出作用。同时，企业得到政府研发补贴后，为了获取更加稳定的收益，企业更倾向于将获得的研发补贴用于预期成功率高、风险小的项目，从而对企业创新活动产生挤出作用。

第三章　全国企业创新现状分析

党的二十大报告对"强化企业科技创新主体地位""加强企业主导的产学研深度融合"做出系统部署。2023年4月21日，二十届中央全面深化改革委员会第一次会议审议通过了《关于强化企业科技创新主体地位的意见》，强调推动形成企业为主体、产学研高效协同深度融合的创新体系，进一步明确了强化企业科技创新主体地位的战略意义，深化了对创新发展规律的认识，完善了创新驱动发展战略体系布局，为新时代新征程更好地发挥企业创新主力军作用指明了方向。近年来，我国企业创新主体地位不断增强，企业日益成为我国经济发展、创新投入、创新产出和参与国际竞争的重要主体。

一、创新规模分析

（一）规上工业企业数不断波动，但整体发展势头较好

截至2022年年底，全国企业数达到3282.87万家，是2015年的2.61倍，年均增速达到17.31%。2015—2022年规上工业企业数呈波动上升态势，由38.31万家增长到47.20万家，增加了8.89万家。从2020年开始，尽管受到疫情影响，我国规上工业企业数仍呈现快速增长趋势，2021年达到44.15万家，增速也达到峰值10.55%，2022年增速略有下滑，但是仍达到了6.91%（图3-1）。表明近年来我国法人单位数量增长快速，规上工业企业发展势头较好。

（二）有研发活动的企业规模逐步扩大，但企业建设研发机构有待加强

从全部规上企业来看，2022年有R&D活动的企业数、有研发机构的企业数分别达到19.54万家、13.67万家，与2016年相比，数量均翻了一番；从规上工业企业来看，2016—2022年有R&D活动的企业数占比和有研发机构的企业数占比均呈上升态势。其中，有R&D活动的企业数占比由2016年的22.95%上升到2022年的37.20%，提升了14.25个百分点；有研发机构的企业数占比由2016年的16.32%上升到2022年的26.33%，提升了10.01个百分点（图3-2）。但有研发机构的企业数占比始终低于有R&D活动的企业数占比，由此可见，规上工业企业中有R&D活动的企业数占比提升速度相对较快，企业研发机构的建设力度有待进一步加强。

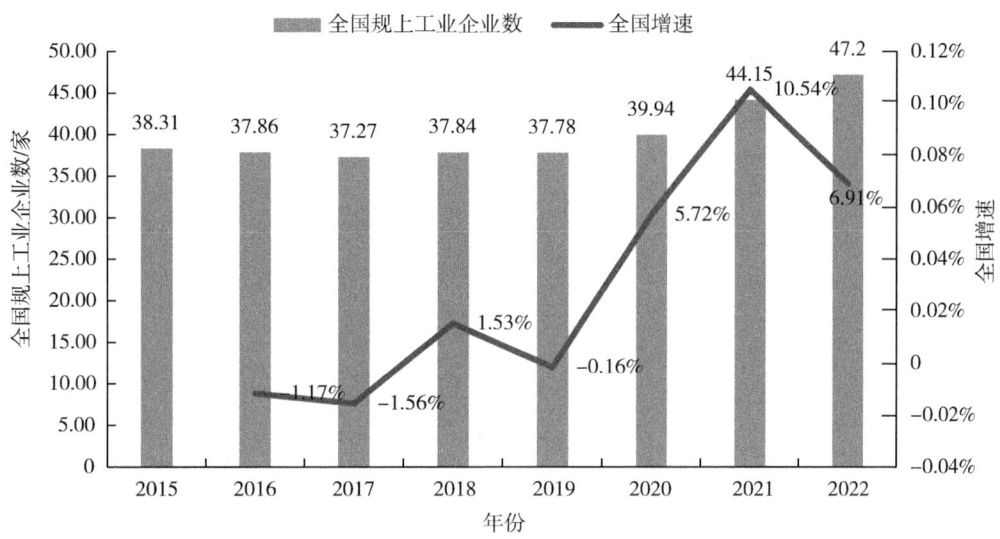

图 3-1　2015—2022 年全国规上工业企业发展情况

图 3-2　2016—2022 年全国规上工业企业有 R&D 活动的企业数占比

（三）高新技术企业增长迅速，但增速呈下降趋势

2015—2022 年高新技术企业数年均增速达到 26.74%，截至 2022 年年底，全国高新技术企业数达到了 40 万家，较 2015 年增长了 4.26 倍，成为新产业、新市场的开拓者。高新技术企业数的快速增长，说明企业的创新能力在不断增强。但高新技术企业

增速却整体呈下滑趋势，由 2018 年的最大值 31.87% 下降至 2021 年的 20.06%，2022 年虽然有所改善，但仍然只有 23.41%（图 3-3）。同时，2022 年全国高新技术企业数占全部企业数的比重也仅有 1.22%，高新技术企业数仍然偏少，科技创新的引领作用和带动效应发挥有待进一步提高。

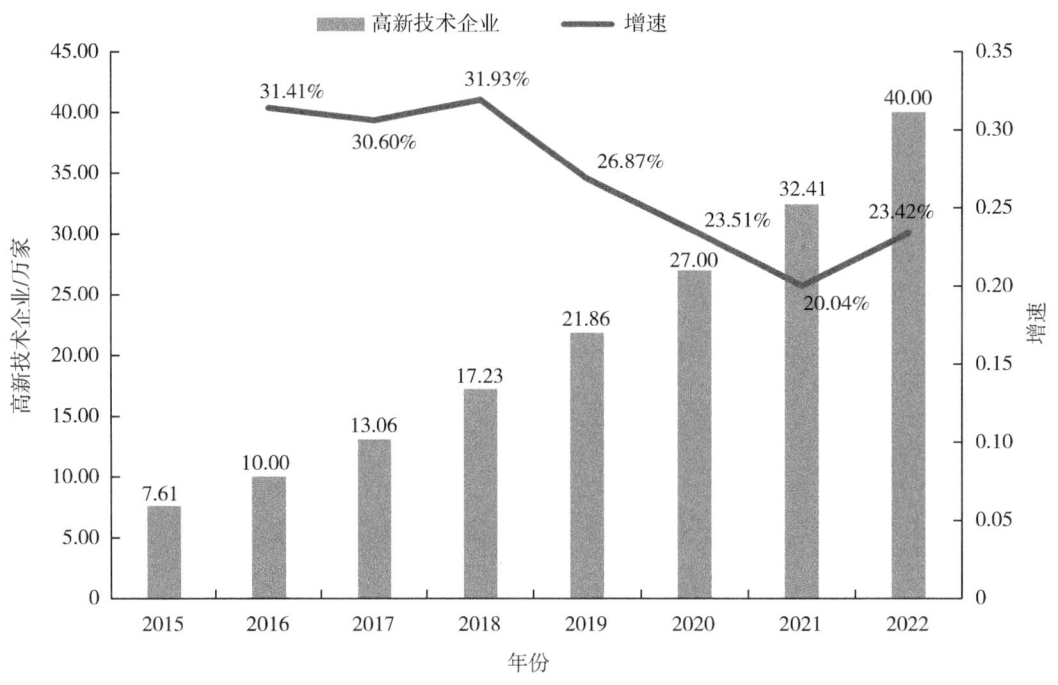

图 3-3 2015—2022 年全国高新技术企业发展情况

二、创新投入分析

（一）企业研发经费投入持续上升，但规上工业企业增速相对较慢

2022 年，全国规上企业 R&D 经费内部支出达到 2.36 万亿元，较 2016 年翻了一番。其中，规上工业企业 R&D 经费内部支出达到 1.94 万亿元，较 2016 年增长了 0.78 倍。2016—2022 年规上企业 R&D 经费内部支出和规上工业企业 R&D 经费内部支出年均增速分别为 11.68% 和 9.97%，可见，全国规上企业和规上工业企业 R&D 经费内部支出均保持继续增长态势，但是规上工业企业增速相对较慢。同时，规上工业企业 R&D 经费内部支出占规上企业 R&D 经费内部支出比重为由 2016 年的 90.22% 下降到 2022 年的 82.26%，下降了 7.96 个百分点，反映出规上工业企业研发经费投入逐步放缓（图 3-4）。

第三章 全国企业创新现状分析

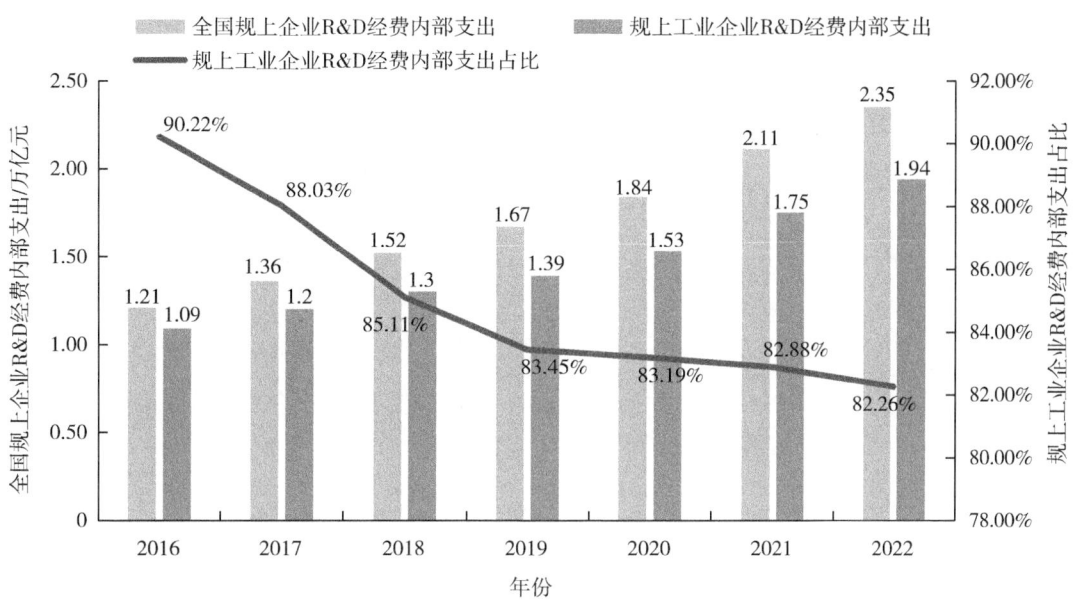

图 3-4 2016—2022 年全国规上企业和规上工业企业 R&D 经费情况

（二）企业研发人员增长迅速，但规上工业企业占比有下滑趋势

2022 年，我国规上企业 R&D 人员数量达到 711.02 万人，较 2020 年增加了 151.80 万人。规上企业 R&D 人员全时当量逐年递增，2022 年达到 499.00 万人年，较 2020 年增加了 93.80 万人年。其中，规上工业企业 R&D 人员由 2020 年的 476.75 万人增加到 2022 年的 598.82 万人，但占规上企业 R&D 人员比重却由 2020 年的 85.25% 下降至 2022 年的 84.22%；规上工业企业 R&D 人员全时当量由 2020 年的 346.04 万人年增加到 2022 年的 421.47 万人年，但占规上企业 R&D 人员全时当量的比重却由 2020 年的 85.40% 下降至 2022 年的 84.46%（表 3-1）。由此可见，全国规上企业中 R&D 人员八成以上集中在规上工业企业中，尽管近年来规上工业企业 R&D 人员数量稳步增长，但是占规上企业 R&D 人员比重却有下滑趋势。

表 3-1 2020—2022 年全国规上企业和规上工业企业 R&D 人员情况

年份	规上企业 R&D 人员 / 万人	规上工业企业 R&D 人员 / 万人	规上企业 R&D 人员全时当量 / 万人年	规上工业企业 R&D 人员全时当量 / 万人年
2020	559.22	476.75	405.20	346.04
2021	645.90	555.96	445.60	382.67
2022	711.02	598.82	499.00	421.47

三、创新产出分析

（一）专利产出数持续提升，但发明专利申请占比逐年下滑

2022年，全国规上工业企业有效发明专利数达到198.12万件，较2015年增加了140.74万件，年均增速达到19.37%（图3-5）。专利申请数由2015年的63.85万件增加到2022年的150.73万件，年均增速达到13.06%。但发明专利申请数占比却由2016年的40.12%下滑到2021年的35.86%，2022年虽然有小幅回升，但也仅有36.80%（图3-6）。表明我国规上工业企业开始重视知识产权，并积极推动知识产权工作，专利产出成果数量持续增加，在有效发明专利数和专利申请数指标上取得了一定的成绩，但是高质量发明专利申请数有待提高。

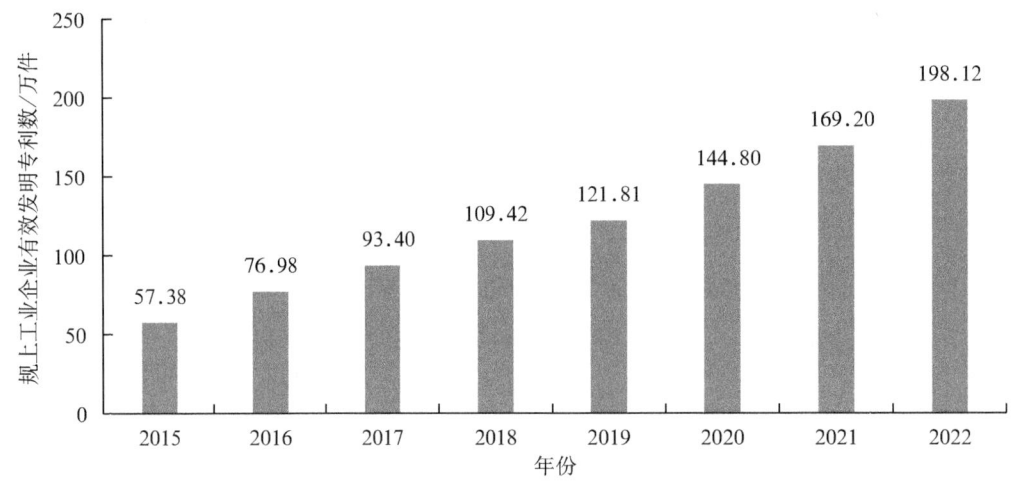

图3-5 2015—2022年全国规上工业企业有效发明专利数

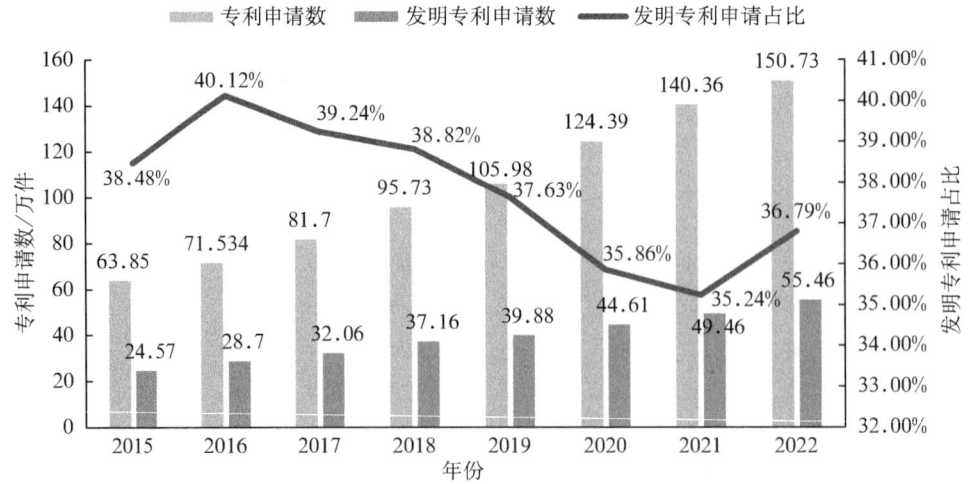

图3-6 2015—2022年全国规上工业企业专利申请情况

（二）新产品销售收入持续增长，但增速有所下滑

2022年，全国规上工业企业新产品销售收入持续增长，达到63.60万亿元，较2018年增加了25.50万亿元；规上工业企业新产品销售收入占营业收入比重持续增加，由2018年的36.30%增加到2022年的47.70%，增加了11.40个百分点（图3-7）。但2021年之前，规上工业企业新产品销售收入增速呈持续上升态势，在2021年达到峰值23.64%，随后在2022年却出现较大下滑，仅为11.90%，较峰值下降了11.74个百分点。

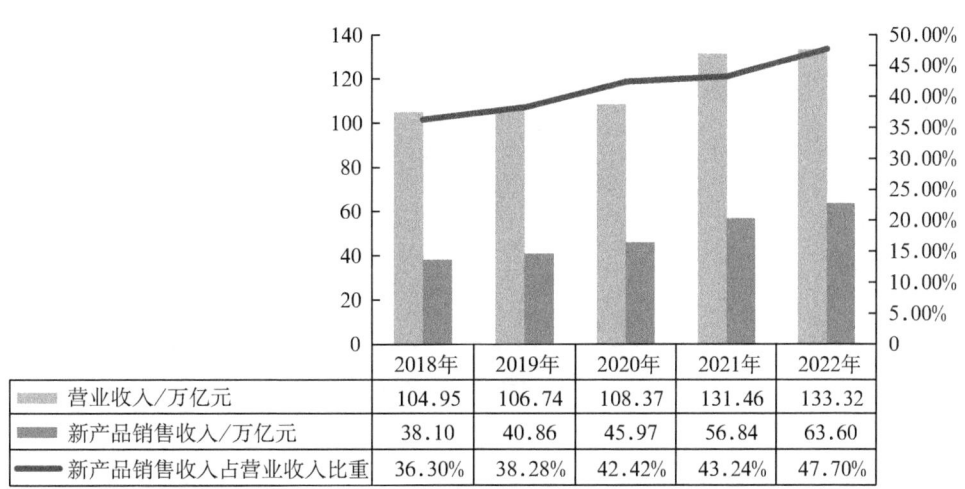

图3-7　2018—2022年全国规上工业企业新产品情况

四、创新绩效分析

（一）高技术产业发展迅速，但快而不强

根据《中国区域科技创新评价报告2023》，我国高新技术产业快速发展，规上高技术产业营业收入达到209 895.5亿元，比上年增长20.2%，占工业营业收入比重达到16.0%；高技术产业利润总额达到18 434.6亿元，增长48.7%，高技术产业利润率提高1.7个百分点；高技术产品出口额达到9795.3亿美元，增长26.2%，占到商品出口总额的29.1%。从各省情况看，2017—2021年31个地区高技术产业营业收入占工业营业收入比重、高技术产业利润率变化不明显（图3-8、图3-9）。其中，高技术产业营业收入占工业营业收入比重超过20%的地区主要集中在北京、天津、河北、上海、江苏、浙江、广东、重庆、四川等地，这与我国科技创新中心分布一致。科技创新中心承担着带动区域发展、落实区域重大战略的重要使命，北京、上海、粤港澳大湾区三大国际科技创新中心及成渝、武汉两个全国科技创新中心的建设正在稳步推进，"3+2"科技创新中心总体布局已经基本形成，这也是贵州省高新技术产业水平最高的地区。高

技术产业利润率超过20%的地区主要集中在北京、辽宁、吉林、西藏、甘肃等地；高技术产业营业收入占工业营业收入比重低于5%的地区主要集中在内蒙古、黑龙江、西藏、甘肃、新疆等地，这与传统产业占比较大、转型升级成效不明显有关。高技术产业利润率低于5%的地区主要集中在内蒙古、黑龙江、河南、四川等地；2017—2021年高技术产业营业收入占工业营业收入比重增长较快的地区主要集中在北京、天津、河南、河北、重庆、四川、青海、宁夏等地，这些地区在发展新一代信息技术、人工智能等新兴产业、承接产业转移升级等方面成效明显；增速较慢的地区主要集中在山西、内蒙古、山东、广西、海南、新疆等地，这与传统产业占比较大、转型升级成效不明显有关。

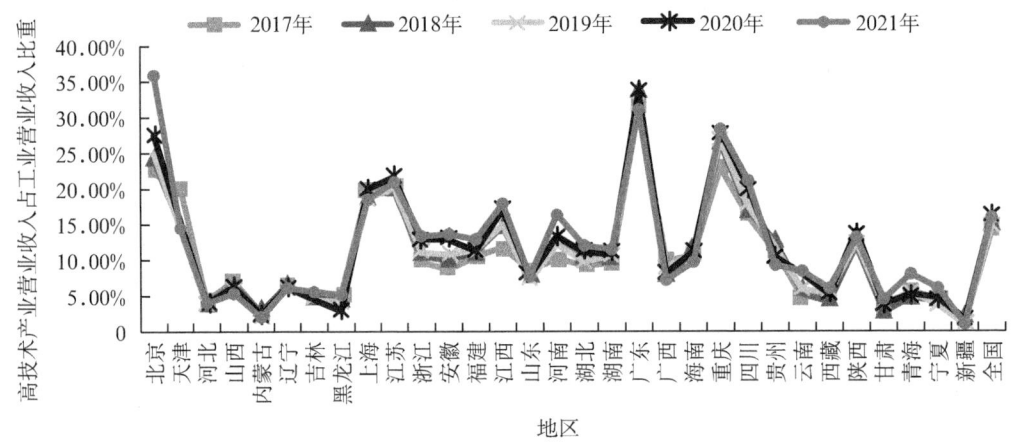

图3-8 各省2017—2021年高技术产业营业收入占工业营业收入比重情况

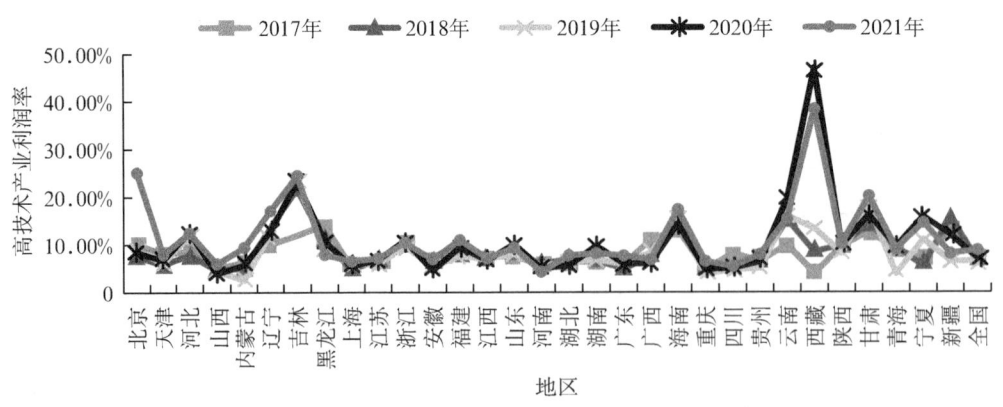

图3-9 各省2017—2021年高技术产业利润率情况

我国高新技术产业发展仍存在很多问题。一是外循环受阻，高技术产业面临技术壁垒和供应链阻滞双重压力。当前，我国高技术领域与世界领先水平仍有明显差距，高新技术企业通过消化吸收再创新，随着《2021年美国创新与竞争法案》《2021年高等教育研究保护法》等一系列政策文件的出台，我国科技人才交流难度有所加大，快速掌握和提升技术及产业水平的方式已经难以实现。二是供应链阻滞。我国高新技术产业市场主体长期融入国际产业分工，普遍国际化程度较高。但随着全球供应链创新链的加速调整、重构，高新技术企业高端产品供应链稳定性受到冲击。三是原材料价格上涨，高新技术企业生产经营成本攀升。偏上游的采矿和原材料等行业价格持续高位，一些中小微企业在上游涨价快、下游提价难的"两面夹击"下，面临增产不增收、有单不敢接、利润不断下滑等问题。同时，碳达峰和碳中和行动将给企业生产标准、工艺流程带来较大影响，短期内将推高企业生产经营成本。四是原创技术动力不足、创新能力有待进一步提升。我国在集成电路、关键元器件、关键材料等方面的关键技术无法满足产业发展需求，关键和核心的技术及部件仍需依赖进口。五是高端人才短缺，技术创新后劲不足。高新技术产业的发展需要大量的高素质人才支撑，但是我国人才储备不足，尤其是在软件开发、数据分析与挖掘、信息安全、视觉识别等领域，领军人才、高端研发和实用技能型人才缺口较大。

（二）产业升级较快，但创新能力不足

第三产业增加值占GDP的比重反映了一个地区产业结构升级的水平。根据《中国区域创新能力评价报告2023》，我国第三产业增加值占GDP的比重达到52.9%，其中北京第三产业占比已经超过80.0%。同时，我国"四新经济"发展迅速，新型能源、现代创新技术服务业优势突出。2021年，"四新经济"行业新设企业383.8万家，同比增长15.8%，增速较企业总体水平高出3.3个百分点；占新设企业总量的42.5%，较2020年占比高出1.2个百分点。其中，新型能源、现代技术服务与创新创业服务、互联网与现代信息技术服务、节能环保企业增速较高，分别增长35.8%、26.0%、25.5%、23.0%。我国知识密集型服务业增加值增长10.8%，知识密集型服务业劳动生产率由上年的55.8万元/人提高到2021年的68.6万元/人，以信息传输、软件等为代表的知识密集型服务业的两位数增长，足以证明我国新兴动能在壮大，发展动力正在积蓄进程之中。从各省情况看，2017—2021年31个地区知识密集型服务业增加值占GDP比重变化不明显。超过20%的地区主要集中在北京、天津、上海、浙江、广东、重庆等地，其余地区基本在10%~20%，这与区域创新能力水平趋同（图3-10）。

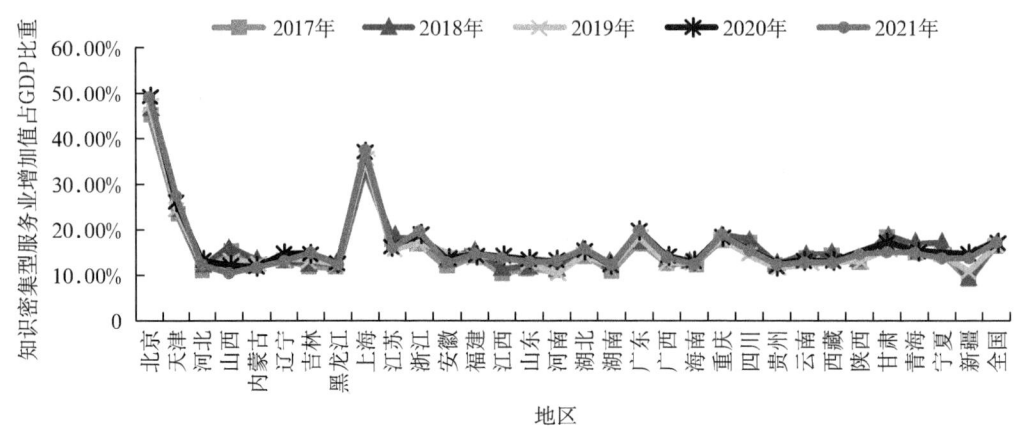

图 3-10　各省 2017—2021 年知识密集型服务业增加值占 GDP 比重情况

当前我国产业升级进程中存在诸多问题。一是在产业升级过程中，部分地区存在盲目跟风、过度追求某些热门产业，导致资源配置失衡、产能过剩。这种现象在新能源、充电桩、新材料等领域尤为突出。过度投资和产能过剩不仅加大了产业升级的难度，还可能造成资源浪费和环境污染。二是技术创新不足。产业升级需要技术创新的支持。然而，在当前我国产业体系中，许多企业缺乏自主创新能力，仍依赖于引进外国技术。这使得中国在高附加值、高技术含量的产业链环节中的竞争力较弱，我国在某些领域可能还存在技术短板，无法实现高水平的技术创新。三是人才短缺。产业升级需要大量具备创新能力和技术背景的人才。然而，我国人才市场存在严重短缺，尤其是在新兴产业领域，这使得产业升级过程中的技术研发和市场推广面临较大的人才制约。四是产业链条不完整。某些产业的升级依赖于完整的产业链条支持，包括原材料供应、零部件制造等。我国部分原材料、关键零部件依然依靠进口，产业链条不完整，会制约产业升级的进程。

（三）数字产业创新能力加快提升，但快而不优

随着新一轮科技革命的纵深演进，我国数字化进展持续加速，《中国数字经济发展研究报告（2023 年）》显示，2022 年我国数字经济规模超过 50 万亿元，占 GDP 比重达 41.5%。近年来，我国深入实施创新驱动发展战略，推进关键核心技术攻关，加快锻造长板、补齐短板，构建自主可控产业生态。一是关键核心技术取得突破。数字技术研发投入逐年上升，量子计算原型机、类脑计算芯片、碳基集成电路等基础前沿领域取得原创性突破，人工智能、区块链、物联网等新兴领域形成一批自主底层软硬件平台和开源社区，关键产品技术创新能力大幅提升，初步形成规模化应用效应。二是产业创新活力不断提升。产业创新能力取得突破性进展，2021 年我国数字经济核心产业发明专利授权量达 27.6 万件，占同期全社会发明专利授权量的 39.6%。关键数字技

术中人工智能、物联网、量子信息领域发明专利授权量居世界首位。不断发挥金融支持数字经济发展作用，深化股票发行注册制改革，2021年至2022年6月，近150家数字经济相关企业在主板、科创板、创业板完成首发上市，募集资金近3000亿元。三是数字产业快速成长。数字经济核心产业规模加快增长，全国软件业务收入从2012年的2.5万亿元增长到2021年的9.6万亿元，年均增速达16.1%。截至2021年，我国工业互联网核心产业规模超过1万亿元，大数据产业规模达1.3万亿元，并成为全球增速最快的云计算市场之一，2012年以来年均增速超过30%。四是数字化转型持续深化。信息化和工业化融合不断走深向实，企业数字技术应用水平显著提升。截至2022年6月底，我国工业企业关键工序数控化率、数字化研发设计工具普及率分别达到55.7%、75.1%，比2012年分别提升31.1个和26.3个百分点。运营成本平均下降19%，产品不良率平均下降24%。服务业数字化水平显著提高。全国网络零售市场规模连续9年居于世界首位，从2012年的1.31万亿元增长到2021年的13.1万亿元，年均增速达29.16%。农业数字化转型稳步推进，2021年，农作物耕种收综合机械化率超过72%，农机应用北斗终端超过60万台（套），产品溯源、智能灌溉、智能温室、精准施肥等智慧农业新模式得到广泛推广，大幅提高了农业生产效率。

我国数字经济仍面临大而不强、快而不优等问题。一是关键领域创新能力不足。在操作系统、工业软件、高端芯片、基础材料等领域，技术研发和工艺制造水平落后于国际先进水平。二是传统产业数字化发展相对较慢。农业、工业等传统产业数字化还需深化，部分企业数字化转型存在"不愿""不敢""不会"的困境，中小企业数字化转型相对滞后。三是数字鸿沟亟待弥合。不同行业、不同区域、不同群体的数字化基础不同，发展差异明显，甚至有进一步扩大的趋势。四是数字经济治理体系还需完善。适应数字经济发展的规则制度体系有待健全，数据要素基础制度体系尚在建设，既能激发活力又能保障安全的平台经济治理体系需要完善，与相关法律法规配套的各类实施细则亟待出台，数字经济国际治理参与度还需进一步提升。跨部门协同、多方参与的治理机制仍需完善，治理能力仍需持续提高。

第四章 各省（自治区、直辖市）研发后补助政策对比分析

一、政策外部特征分析

2015年以来，全国省级层面发布的研发后补助政策文件共计24项，仅有10个省（自治区、直辖市）未出台相关政策（表4-1）。本书从区域分布、时间分布、政策属性、政策协同性等方面分析各省（自治区、直辖市）研发后补助政策的外部特征。

表4-1 部分省（自治区、直辖市）政府研发后补助政策总体情况

地区	政策数量	省份	政策名称	时间	颁布部门	颁布部门个数
华北地区	4个	北京	—	—	—	—
		天津	《天津市企业研发投入后补助办法》	2021年	天津市科技局、市财政局、市税务局	3个
		河北	《推动企业加大研发投入若干措施》	2022年	河北省科技厅、省国资委、省税务局、省发展改革委、省工业和信息化厅、省商务厅、省财政厅、省统计局	8个
		山西	《关于支持科技创新的若干政策》	2017年	山西省人民政府办公厅	1个
		内蒙古	《内蒙古自治区研发投入攻坚行动实施方案（2021—2025年）》	2021年	内蒙古自治区人民政府办公厅	1个
东北地区	3个	辽宁	《辽宁省企业R&D经费投入后补助实施细则（修订）》	2019年	辽宁省科技厅、省财政厅、省税务局和省统计局	4个
		吉林	《吉林省企业R&D投入引导计划实施办法（试行）》	2020年	吉林省科技厅、省财政厅、省市场监管厅、省税务局、省统计局	5个

续表

地区	政策数量	省份	政策名称	时间	颁布部门	颁布部门个数
东北地区	3个	黑龙江	《黑龙江省科技型企业研发费用投入后补助实施细则》	2018年	黑龙江省科技厅、省财政厅	2个
华东地区	4个	上海	—	—	—	—
		江苏	—	—	—	—
		浙江	《浙江省全社会研发投入提升专项行动方案》	2018年	浙江省人民政府	1个
		安徽	《关于组织开展2021年度R&D经费支出"双百强"规上企业奖励政策兑现的通知》	2021年	安徽省科技厅	1个
		福建	《福建省企业研发经费投入分段补助实施细则（2020—2022年）》	2020年	福建省科技厅、省财政厅	2个
		江西	—	—	—	—
		山东	《山东省企业研究开发财政补助实施办法》	2022年	山东省科技厅、省财政厅、省税务局	3个
华中地区	5个	河南	《关于加快构建一流创新生态建设国家创新高地的意见》	2021年	河南省委、省政府	2个
		河南	《关于印发河南省支持科技创新发展若干财政政策措施的通知》	2022年	河南省人民政府办公厅	1个
		河南	《河南省企业研究开发财政补助实施方案》	2020年	河南省财政厅、省科技厅、省发展改革委、省税务局、省统计局	5个
		湖北	《湖北省激励企业开展研究开发活动暂行办法》	2017年	湖北省人民政府办公厅	1个
		湖南	《关于进一步促进规模以上工业企业加大研发投入的通知》	2019年	湖南省工业和信息化厅	1个
华南地区	2个	广东	《广东省省级企业研究开发财政补助资金管理办法（试行）》	2015年	广东省财政厅、省科技厅	2个
		广西	《科技强桂三年行动方案（2021—2023年）》	2021年	广西壮族自治区科技厅	1个
		海南	—	—	—	—

续表

地区	政策数量	省份	政策名称	时间	颁布部门	颁布部门个数
西南地区	4个	重庆	《2019年重庆市激励研发投入实施方案》	2019年	重庆市科技局	1个
		四川	《四川省激励企业加大研发投入后补助实施办法》	2022年	四川省科技厅	1个
		贵州	《贵州省规上工业企业研发活动扶持计划实施办法（试行）（送审稿）》	2022年	贵州省科技厅	1个
		云南	《云南省研发经费投入奖补办法》	2021年	云南省科技厅、省财政厅	2个
		西藏	—	—	—	—
西北地区	2个	陕西	—	—	—	—
		甘肃	—	—	—	—
		青海	《青海省支持中小企业纾困发展政策实施细则》	2022年	青海省财政厅、省工业和信息化厅	2个
		宁夏	《宁夏回族自治区企业研究开发费用财政后补助办法》	—	宁夏回族自治区科技厅、区财政厅、区税务局	3个
		新疆	—	—	—	—

（一）区域分布情况

自2015年以来，省级层面发布的研发后补助政策主要分布在中部、东部地区，其中华中地区5项、华南地区和西北地区数量最少，均为2项（图4-1）。东部发达地区的后补助政策出台时间较早，广东、浙江等部分地区从"十三五"初期就逐步开始探索企业研发补助机制。山西、重庆、河南、湖南等中部地区在"十三五"中期开始陆续出台企业研发后补助政策。广西、贵州、云南等西部地区从"十三五"末期开始制定企业研发奖补政策。截至2023年，尚有9个省（自治区、直辖市）未颁布研发后补助政策，分别是北京、上海、江苏、江西、海南、西藏、陕西、甘肃、新疆。

第四章 各省(自治区、直辖市)研发后补助政策对比分析

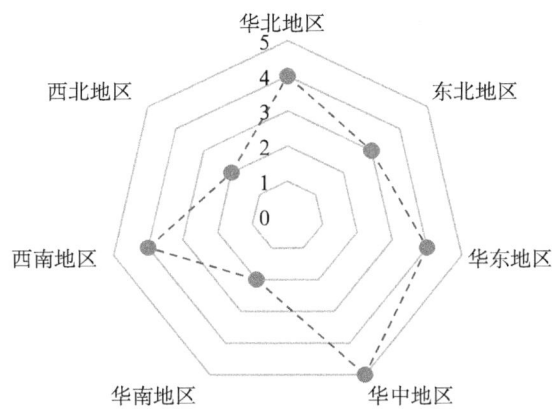

图 4-1 研发后补助政策区域分布雷达图

(二)时间分布情况

从发文时间看,政策出台时间主要集中在 2018—2021 年,这是因为研发投入强度指标是反映一个地区全面建成小康社会、国民经济和社会发展"十三五"规划纲要的重要指标,临近"十三五"期末,一些省份研发经费投入规划目标完成难度系数较大,亟须出台积极措施提升数据。因此,"十三五"期末很多省份通过出台研发后补助政策,激励企业加大研发经费投入。2015—2022 年,研发补助相关政策年度数量整体趋于上升。其中,2015—2020 年政策年度数量一直处于缓慢上升趋势,2021 年共颁发 6 项研发补助相关政策,增幅最大,同比增长 100%,达到峰值;2022 年仍新增 6 项政策(图 4-2)。

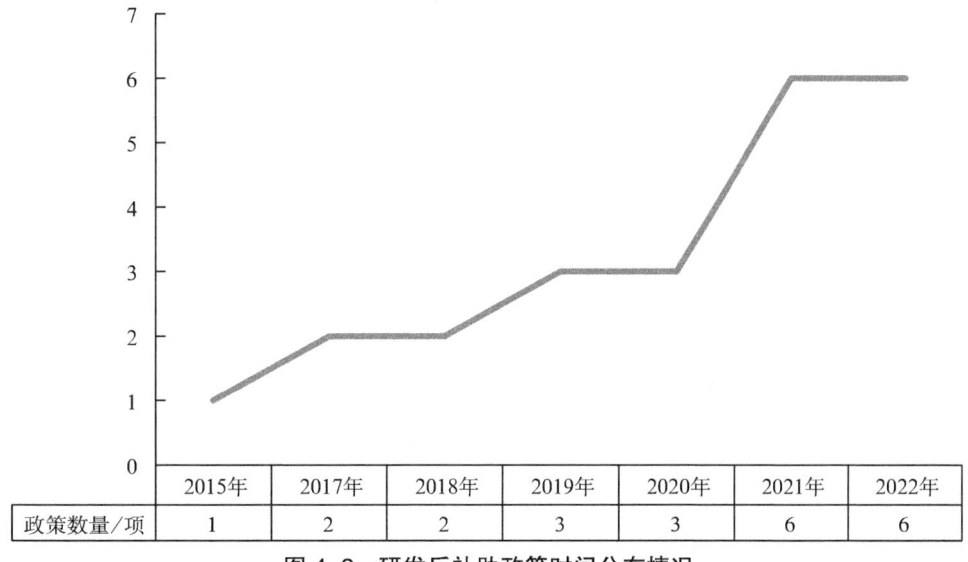

图 4-2 研发后补助政策时间分布情况

(三)政策属性分析

从政策发布部门来看,涉及科技厅、财政厅、税务局、省政府办公厅、统计局、工业和信息化厅、发展改革委等部门,其中政策发布数量排名前三的部门分别是科技厅(15项)、财政厅(12项)、税务局(7项),这是因为各省(自治区、直辖市)科技行政主管部门和财政主管部门是企业研发奖补政策实施的主要部门(图4-3)。与其他类政策不同的是,统计部门和税务部门也是企业研发奖补政策的实施涉及较多的两个行政部门,主要是在判定企业研发投入时涉及研发统计和税务加计扣除等数据核定问题。部分省份甚至以省委省政府的名义出台政策,如山西、浙江、山东等,举全省之力,聚焦增加科技创新有效供给,把企业作为主力军,打出了一套提高企业研发投入水平的"组合拳"。

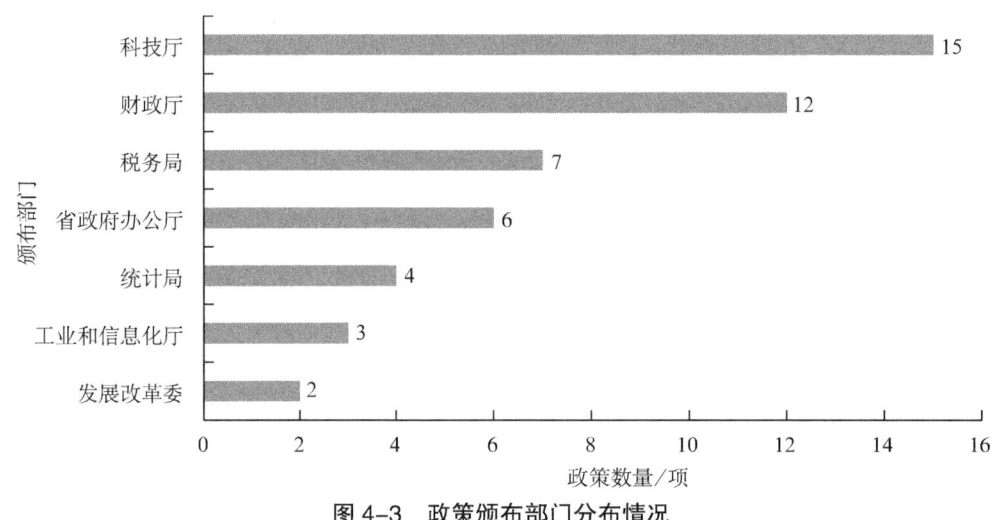

图4-3 政策颁布部门分布情况

(四)政策协同性分析

按照政策制定主体的数量进行划分,有11项政策是由单一部门发布的,13项政策是由多部门联合发布的,占比超过半数(图4-4)。其中,有6项政策是由2个部门出台的,3项政策是由3个部门出台的,4项政策是由4个及以上部门出台的,出台部门最多的政策是河北省2022年颁布的《推动企业加大研发投入若干措施》,共计8个部门联合出台。而单一发布的部门主要为省政府或科技厅,各5项;2个政策发布部门的组合主要为科技厅、财政厅,共4项;3个政策发布部门的组合为科技厅、财政厅、税务局,共3项。

2020年之前发布的9项政策中仅有3项为多部门联合发布,而近3年发布的15项政策中,有9项政策均为多部门联合发布,联合发布占比从2015—2020年的33.3%提升到2020—2022年的60%，说明主体协同度不断提高，各部门间的深度协同不断加强（图4-5）。

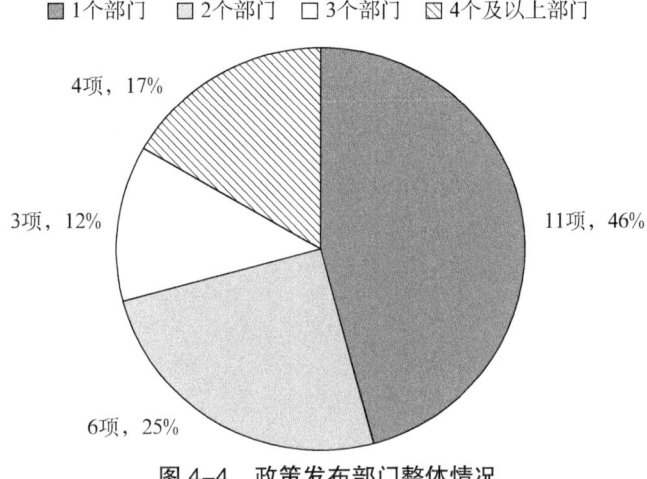

图4-4 政策发布部门整体情况

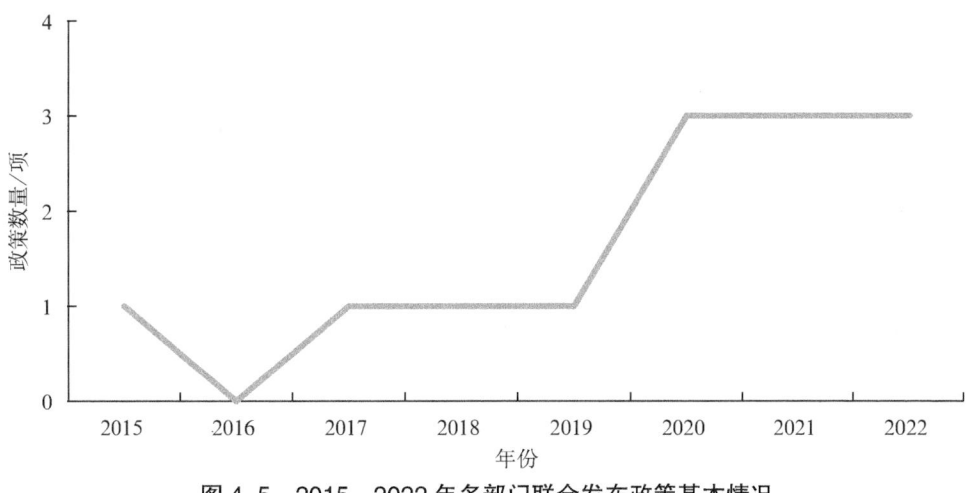

图4-5 2015—2022年多部门联合发布政策基本情况

二、政策内部特征分析

本书从补助范围、补助方式、补助标准、补助程序等方面分析各省（自治区、直辖市）研发后补助政策的内部特征（表4-2）。

表 4-2 部分省（自治区、直辖市）政府研发后补助政策具体情况

序号	省（自治区、直辖市）	政策名称	补助范围	补助部门	补助标准整理	补助程序
1	天津	《天津市企业研发投入后补助办法》	企业或非法人组织	天津市财政局	1. 企业获得的最终补助额＝基础补助额＋增量补助额。单家企业获得的最终补助额最高不超过500万元。2. 基础补助额按照企业上一年度研发费用的1.5%～5%给予补助，增量补助额＝基础补助额×上一年企业研发费用增长率×(-200%～100%)	发布通知，企业申报，初审推荐，公示结果，批复立项，资金拨付
2	河北	《推动企业加大研发投入若干措施》	企业	—	按照企业上一年度享受优惠的实际研发投入新增部分的10%予以补助，单个企业年度最高补助1000万元	—
3	山西	《山西省支持科技创新的若干政策》	企业	—	对研发经费投入强度全省排名前10位的企业，根据其营业收入给予一定的科研经费奖励。对主营业务收入2亿元（含）～2亿元以上的最高奖励400万元，1亿元以上的最高奖励300万元，低于1亿元的最高奖励200万元	—
4	内蒙古	《内蒙古自治区企业研究开发投入财政后补助办法》	企业	—	1. 企业年度研发费用后补助，按照企业研发费用的1%给予后补助支持。2. 规上工业企业新增研发费用补助，对增量部分给予企业新增研发费用10%的后补助支持。3. 企业可同时享受两种补助，单家企业年度支持最多500万元，两项合计补助额度少于1万元的不予补助	组织申报，企业申请，审核上报，补助下达

续表

序号	省（自治区、直辖市）	政策名称	补助范围	补助部门	补助标准整理	补助程序
5	辽宁	《辽宁省企业R&D经费投入后补助实施细则（修订）》	规上法人单位	辽宁省科技厅	1. 比例法一般是按照企业R&D经费核定增量的2%～10%予以奖励后补助，最高不超过500万元。2. 区间定额法一般是根据核定的R&D经费增量区间，设定定额补助额度，最高不超过500万元	确定企业分布，核定企业名单，社会公示，确认企业名单，安排资金计划
6	吉林	《吉林省企业R&D投入引导计划实施办法（试行）》	企业	吉林省财政厅	1. 中小微企业按R&D投入增量核定，采用分段超额累退比例法计算，补助比例0.3%～3.0%。2. 大型企业补助按R&D投入增量和总增量核定补助核定方法计算，负增长按负数计算。①按照中小微企业增量补助核定方法计算。②总额按10万～70万元计算。3. 中小微企业补助金额最高不超过40万元，大型企业最高不超过100万元	确定清单，整理补助企业名单，社会公示，下达支持计划，拨付资金
7	黑龙江	《黑龙江省科技型企业研发费用投入后补助实施细则》	高新技术企业、科技型中小企业	省、市联合出资	1. 企业上一年度研发费用投入额在200万元以上的（含200万元），按照研发费用投入的10%，最高不超过300万元给予补助。2. 企业上一年度研发费用投入在50万元以上（含50万元），200万元以下（不含200万元），但满足研发费用投入总额占同期销售收入比重不低于5%或近3年销售收入增长率不低于25%条件的，按照20万元给予研发费用投入后补助	发布拟支持清单，核实，确认，报送，公示，下达支持计划

续表

序号	省（自治区、直辖市）	政策名称	补助范围	补助部门	补助标准整理	补助程序
8	浙江	《浙江省省级企业研发后补助资金管理办法（试行）》	规上工业企业	浙江省财政厅	研发投入占主营业务收入比重前100名（第一档），各5分，计500分；第101~300名（第二档），各2.5分，计500分；第301~500名（第三档），各1分，计200分；合计1200分（该市、县补助额为5万元，市、县分档获奖企业数量每分值补助额计算公式如下：某市、县补助额=Σ（该市、县分档奖企业数量×标准分值）×5万元	省财政厅负责研发后补助资金的管理、资金分配，组织绩效评价，市、县财政局负责研发后补助资金的拨付和监督检查
9	安徽	《关于组织开展2021年度R&D经费支出规上企业"双百强"兑现奖励政策的通知》	规上企业	—	对R&D经费支出占主营业务收入的比重（R&D经费支出强度）排前100名的规上企业，研究与试验发展（R&D）经费支出每家分别给予"双百强"企业50万元奖励，若同一企业同时入围"双百强"企业名单，取其在R&D经费支出强度中的排名	项目申报、审核、推荐
10	福建	《福建省企业研发经费投入分段补助实施细则（2020—2022年）》	规上企业、高新技术企业	福建省财政厅	1. 基础补助：按照企业经费支出年度增加额的6%给予补助经费。 2. 增长额补助：研发投入统计归集为0的申报企业，不能申请增长额补助。 3. 激励补助：对企业年产值在5000万元以上，税收1000万元以上且研发经费支出占主营业务收入比重超过5%的高研政策基础上，享受已有研发经费支出超过上一年度的增量部分，再给予10%的奖励，最高奖励500万元	企业申报，第三方审核，公示，审批

34

续表

序号	省（自治区、直辖市）	政策名称	补助范围	补助部门	补助标准整理	补助程序
11	山东	《山东省企业研究开发财政补助实施办法》	高新技术企业、科技型中小企业	山东省科技厅	1. 年销售收入2亿元以上企业按其新增加计扣除费用计算，年销售收入2亿元（含）以下企业按其加计扣除总额计算，补助比例最高不超过5%。 2. 集成电路领域企业，按其加计扣除总额的10%给予补助。 3. 单个企业年度最高补助500万元，不足1万元的不予补助，补助金额四舍五入保留到万元	信息汇总反馈，信息补充确认，审核上报，补助下达
12	河南	《河南省企业研究开发财政补助实施方案》	企业法人	河南省财政厅	1. 2017年以来首次享受的企业，补助比例最多不高于10%。 2. 非首次享受企业，将以前年度已受财政补助的研发费用继续享受补助的研发费用最大值作为基数，基数内的研发费用按阶梯比例10%和20%；存量补助标准按分段比例受于5%；增量补助按存量和增量分别测算。对符合基本条件的不同类型企业采用不同限额管理，最高限额不累加，最高限额不超过400万元	网上申报，审核公示，备案管理
13	湖北	《湖北省激励企业开展研究开发活动暂行办法》	高新技术企业、国家创新型（试点）企业、国家技术创新示范企业、省级以上科技企业孵化器在孵科技型企业等国家重点支持的高新技术领域的企业	省级财政、市财政	1. 年销售收入5000万元（含）以下的，企业研发投入占销售收入比重超过5%以上的部分，每年按实际支出的20%予以补贴，每家企业当年最高补贴金额不超过100万元。 2. 年销售收入5000万～2亿元（含）的，企业研发投入占销售收入比重超过4%以上的部分，每年按实际支出的10%予以补贴，每个企业当年最高补贴金额不超过200万元	按年度组织企业申报

续表

序号	省（自治区、直辖市）	政策名称	补助范围	补助部门	补助标准整理	补助程序
14	湖南	《湖南省企业研发财政奖补办法》	规上企业	市、县相关部门	依据企业较上年度享受研发费用加计扣除政策的实际研发投入增量部分的一定比例分类给予补助。①对列入省清单内产品研发的企业，按其增量12%给予补助；其他企业8%给予补助。②满足建有国家级研发平台，汇算清缴在中国（湖南）自由贸易试验区，汇算清缴在国家级高新技术产业开发区3个条件之一的单家企业补助额不超过1000万元，其他企业单家补助额不超过500万元。③经核定补助额不足20万元的，省财政厅不予以补助	发布通知，研发准备金制度备案，受理初审、复审，企业申报上报，复核形成奖补名单，公示及资金下达
15	广东	《广东省省级企业研究开发财政补助资金管理办法（试行）》	企业法人	广东省科技厅	省财政厅会同省科技厅根据全省企业研究开发投入实际情况、省级财力情况和企业规模等情况测算年度补助资金安排额度，落实资金预算	申报，合规性审核，复审，确定额，资金拨付
16	广西	《科技强桂三年行动方案（2021—2023年）》	企业	—	继续实施企业研发经费投入奖补政策，在经营业绩考核中把国有企业的研发投入视同业绩利润	—
17	重庆	《2019年重庆市激励研发投入实施方案》	规上工业企业	—	1. 对支柱产业龙头企业或双百企业正在开发的战略性新产品按项目研发总支出额的一定比例给予前补助，最高500万元，特别重大项目按照"一事一议"原则给予补助。2. 对评定的重庆市优秀创新型企业给予奖励性后补助	—

第四章　各省（自治区、直辖市）研发后补助政策对比分析

续表

序号	省（自治区、直辖市）	政策名称	补助范围	补助部门	补助标准整理	补助程序
18	四川	《四川省激励企业加大研发投入后补助实施办法》	企业、市（州）	四川省科技厅、省财政厅	1. 企业补助以加计扣除作为依据，采用分段超额累退比例法计算。 2. 市（州）补助以上一年度用于激励企业经费投入总额作为计算依据，根据当年省级财政预算情况确定具体补助比例	发布通知，组织申报，审核汇总，资质复核，核定公示，资金下达
19	贵州	《贵州省规上工业企业研发活动扶持计划实施办法（试行）（送审稿）》	规上工业企业	贵州省科技厅	1. 有研发活动的规上工业企业，按1000万元、500万元、100万元进行奖补。 2. 无研发活动分两类进行奖补，按300万元、100万元、80万元、30万元进行奖补	—
20	云南	《云南省研发经费投入奖补办法》	规上企业	云南省财政厅	奖补资金分配坚持普惠和集中奖补相结合，单家企业年度奖补金额最高不超过1000万元，最低不少于5万元。根据企业研发投入测算年度奖补金额，应补金额仍达不到5万元的不再给予奖补	资金分配，计算奖补金额，列入资金计划，报经济厅审议，奖补金额下一年度兑现，累计2年应补金额仍达不到5万元的不再给予奖补
21	青海	《青海省支持中小企业纾困发展政策实施细则》	工业中小企业	—	按照研发投入的20%给予补助，最高不超过100万元	—
22	宁夏	《宁夏回族自治区企业研究开发费用财政后补助办法》	企业	市、县相关部门	1. 企业年度研发费用后补助按照加计扣除基数给予不超过20%比例的支持，每家企业不超过300万元。 2. 规上工业企业新增研发投入强度达到3%，按其新增研发投入的10%给予后补助，每家企业不超过300万元。 3. 首次认规上工业企业研发费用奖补，按其上年度新增研发费用不超过20%的比例给予补助。每家企业不超过200万元	企业申报，审核公示，下达文件

37

（一）补助范围分析

全国各省份出台的奖补政策基本以辖区内的高新技术企业、国家科技型中小企业信息库入库企业、规上工业企业为补助对象。其中，以全社会企业为奖补对象的省份最多，有13个，分别是河北、山西、内蒙古、吉林、河南、广西和宁夏等；以高新技术企业作为奖补对象的省份有4个，分别是福建、山东、湖北和黑龙江；以规上企业作为奖补对象的省份有5个，分别是辽宁、安徽、福建、湖南和云南；以规上工业企业作为奖补对象的省份有3个，分别是浙江、重庆和贵州；以企业或非法人组织为奖补对象的省份是天津，以工业中小企业为奖补对象的省份是青海（图4-6）。此外，各省份对企业纳入国家R&D投入统计调查范围、研发投入强度、享受研发费用加计扣除、高新技术企业、全国科技型中小企业信息库等情况列入奖补筛选的条件。

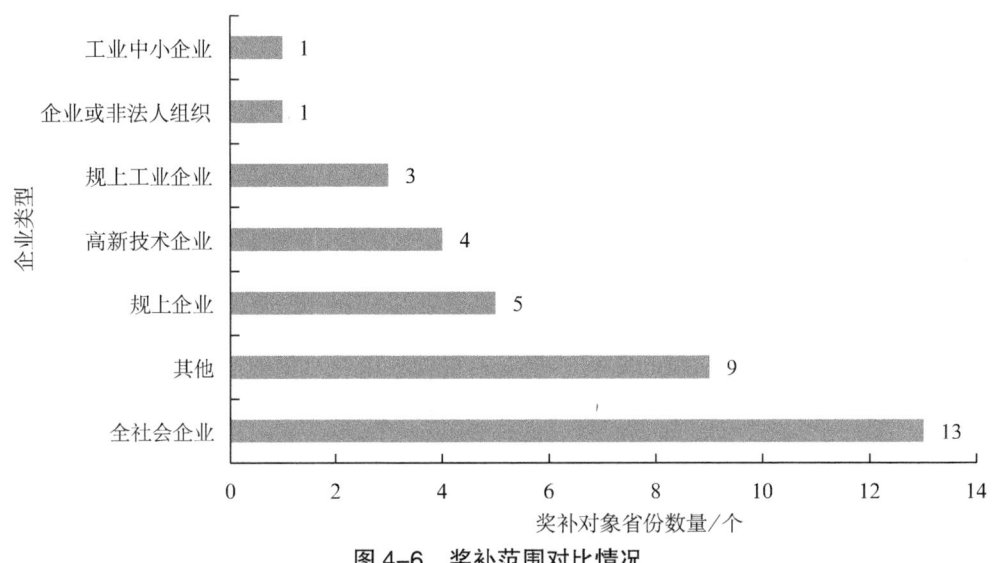

图4-6　奖补范围对比情况

注：①其他为政策未明确奖补范围或未明确出台相关政策的情况，下同；
②不同省份之间的奖补范围可能包含以上多个分类。

（二）补助方式分析

全国各省份出台的奖补政策中，主要包含由省级部门拨付到企业的直通型、由省级先拨付到市级部门再由市级部门拨付到企业的上下型、由省级财政和市级财政联合出资后再拨付到企业的联合型3种模式。其中，采用直通型直接由省级部门拨付到企业的省份有5个，分别是辽宁、吉林、山东、四川和贵州，其中辽宁、山东和贵州直拨付部门为省科技厅，吉林直拨付部门为省财政厅，四川为省科技厅联合省财政厅共同拨付。采用上下型拨付方式的省份有8个，其中天津、浙江、福建、河南拨付部门为地方市（县、区）财政局，广东、云南拨付部门为地方市（县、区）科技局，湖南、宁夏拨付部门为市（县）相关部门。采用联合型拨付方式的省份有2个，分别是黑龙江和湖北，后补助资金由省、市（地）联合出资，资金比例各占50%（图4-7）。除了资金补助外，部分省份通过创新平台建设、财政资金研发投入、财税金融激励、产学研协同创新、创新产品应用、企业创新人才队伍建设等综合施策，通过用好政策"组合拳"，强化政策叠加效应，双管齐下，全面调动企业创新的积极性。

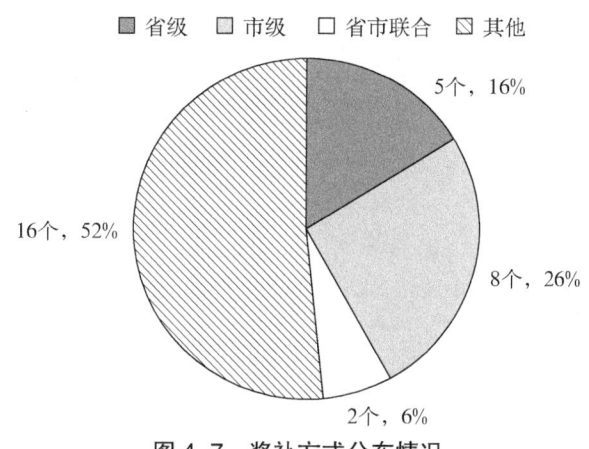

图4-7 奖补方式分布情况

（三）补助标准分析

从补助标准来看，主要包括年度研发投入总量、两年研发投入增量、研发投入强度（研发费用投入总额占同期销售收入比重或者研发投入占主营业务收入比重）、收入（年销售收入或主营业务收入）4个标准，分别制定不同的补助政策。全国各省份出台的奖补政策中，采用总量标准测算的省份有12个、增量标准测算的省份有11个、投入强度标准测算的省份有6个、收入标准测算的省份有2个（图4-8）。其中，四川、云南和青海仅采用研发投入总量进行测算，河北和辽宁仅采用研发投入增量进行测算，浙江采用研发投入强度作为测算依据，天津、山西、内蒙古、吉林、黑龙江、安徽、福建、山东、河南、湖北、贵州和宁夏采用以上多种标准分阶段分类别作为奖补测算依据，确定最终奖补的企业名单。同时，大部分省份以分段按比例差异化给予奖补，即根据企业当年销售收入、研发经费投入等进行分段，再根据当年度研发投入较上年度的增量或增速或占销售收入的比重等给予奖补。有些省份根据不同目标分别制定奖补标准，如云南把奖补资金分为基础奖补、目标任务奖补、财政科技支出奖补3个部分：奖补资金总额的70%用于基础奖补，根据各州（市）全社会研发经费投入占全省全社会研发投入的比例进行分配，奖补资金总额的20%用于目标任务奖补，根据各州（市）完成"十四五"规划目标任务情况进行分配，其余10%用于财政科技支出奖补，根据各州（市）财政科技支出情况进行分配。

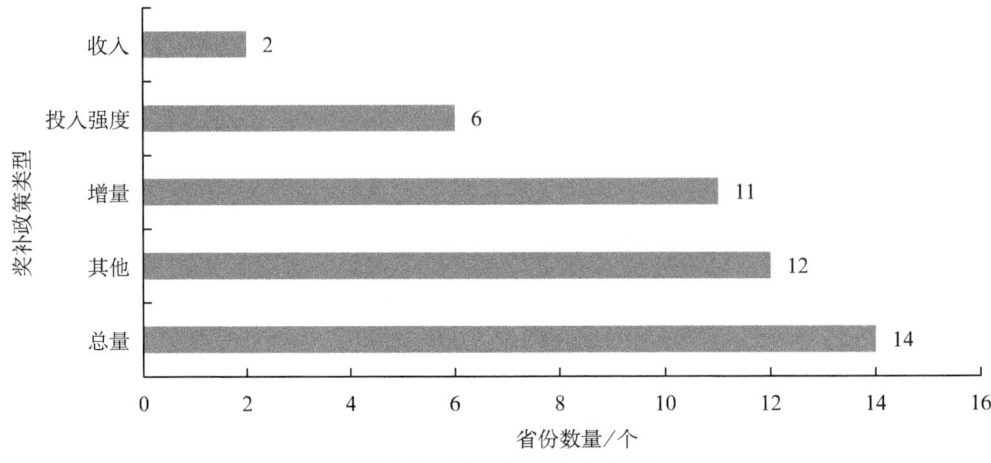

图 4-8　奖补标准对比情况

注：不同省份之间的奖补程序可能包含以上的多个分类。

（四）补助程序分析

全国各省份出台的奖补政策中，主要分为申报制和名单制两种。申报制为符合要求的企业自行申报，管理部门通过发布通知、审核受理、名单筛选、复核公示等程序开展奖补系列工作；名单制为以管理部门确定的企业名单为基础，通过名单核对、社会公示、下达支持资金计划等程序开展奖补系列工作，不需要企业自行申报。奖补程序采用申报制的省份有11个，分别为天津、内蒙古、安徽、福建、山东、河南、湖南、广东、四川、贵州和宁夏；奖补程序采用名单制的省份有5个，分别为辽宁、吉林、黑龙江、浙江和云南（图4-9）。

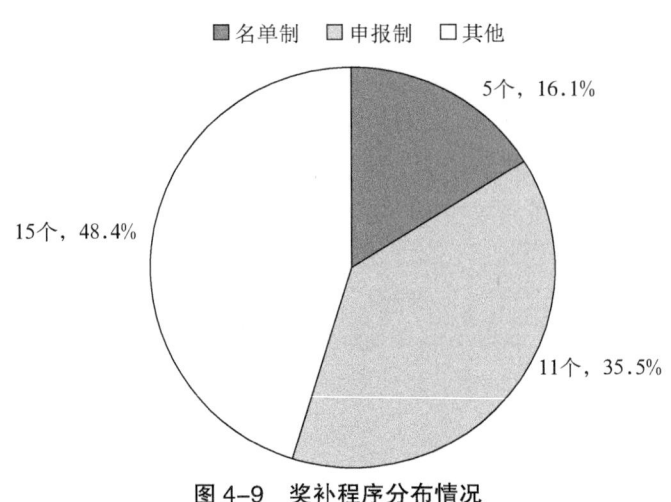

图 4-9　奖补程序分布情况

三、政策创新效应分析

（一）研发后补助政策对企业创新的影响

近年来，许多学者从不同视角研究了政府 R&D 补贴对企业技术创新的影响机制、异质性、政策效果及影响因素等，各层面的研究形成了政府研发后补助政策会对企业创新影响的理论体系框架。

（1）政府研发补助对企业创新产生激励效应和挤出效应。部分学者认为政府 R&D 补贴对企业技术创新的投入和产出均具有正向促进作用。由于政府 R&D 补贴会降低企业开展研发活动的风险预期，R&D 补贴可溢出到企业其他研发项目中，且知识的溢出性提升了其他研发项目的成功概率，致使政府 R&D 补贴对企业 R&D 投入具有激励效应。例如，解维敏等（2009）、王俊（2010）、白俊红（2011）、郑世林等（2013）、李玲等（2013）、廖信林等（2013）、杨向阳等（2014）、王业斌（2014）、李永等（2015）、郭迎锋等（2016）、伍健等（2018）均认为 R&D 补贴对企业 R&D 投入具有一定的激励效应；但也有学者认为，政府 R&D 补贴对企业技术创新具有挤出效应。由于政府 R&D 补贴会增加创新要素的需求量，导致要素价格上涨，抑制企业 R&D 投入，或对企业 R&D 投入产生直接替代，或引发资源配置扭曲，进而影响创新能力较强企业开展研发的积极性，出现政府补贴对其他主体研发投入的挤出效应。例如，周昇（2012）、廖信林（2013）、韩猛（2013）、张泽华（2014）、朱孟磊（2016）、徐宝达等（2017）、夏玲等（2020）均发现 R&D 补贴对企业 R&D 投入具有挤出效应。任优生等（2017）认为政府补贴和企业 R&D 投入均未促进企业全要素生产率变化率提升，政府补贴甚至起到显著抑制作用。在东部地区国有企业及低资本密集度企业，政府补贴和企业 R&D 投入对全要素生产率表现出更强的抑制影响。靳光辉等（2023）认为政府补贴降低了薪酬业绩敏感性，提升了薪酬研发投资敏感性，上述作用在政府补贴强度更高的企业表现显著，对业绩压力大的企业或者连续获得政府补贴的企业效果不显著。

（2）政府研发补助与企业研发投入之间并非直接的线性关系。有学者认为政府 R&D 补贴对企业 R&D 投入的影响受激励效应、挤出效应、门槛效应、时间因素等影响，导致政府 R&D 补贴与企业 R&D 投入之间并非直接的线性关系。例如，孙维峰（2012）、刘虹（2012）、张杰等（2015）、武咸云等（2016）均发现政府 R&D 补贴与企业技术创新呈倒"U"形曲线关系，认为政府 R&D 补贴能够诱导企业 R&D 支出，但这种诱导效应随着政府 R&D 投入强度的提高而递减，挤出效应随着政府 R&D 投入强度的提高越来越明显。政府补贴在初始阶段会对企业研发支出起显著促进作用，但这种激励效应会随政府补贴力度的不断增大而减弱，当超过最优补贴值后，会对企业研发支出产生挤出效应；姜宁（2010）、尚洪涛和黄晓硕（2018）、孙文宣（2021）认为政府 R&D 补贴对企业技术创新影响存在滞后性。政府补助对企业 R&D 投入的促进效应在滞后一期时仍然显著，在滞后两期时不再显著。戴小勇和成力为（2014）、吴俊和黄东梅（2016）皆发现政府R&D补贴对企业技术创新存在基于政府R&D补贴强度的双重门槛效应，其影响作用随着政府R&D补贴强度的增加而减少。

（3）政府研发补助对企业面临的融资约束产生缓解效应。部分学者认为企业传递获得政府R&D补贴的相关信息有利于提高资本市场的认知和认可水平，有助于减少企业与外部投资者之间的信息不对称，从而利于缓解企业的融资约束问题，为企业获得更多用于研发活动的外部资金提供了条件。例如，李莉等（2015）通过理论分析和模型推导，认为具有公信力的政府作为独立的第三方，对高科技企业的支持行为具有认证效应。朱孟磊（2016）、郭园园等（2016）、王刚刚等（2017）、成力为等（2017）、刘憧（2018）、李晓燕（2019）皆发现政府R&D补贴可以在一定程度上缓解企业面临的融资约束，受融资约束较高的企业（主要包括私营企业和创新型企业）R&D投资的激励作用更大，并且直接补贴相比较于间接补贴对融资约束的缓解作用更明显，非国有企业比国有企业更显著。

（4）政府研发补助对企业技术创新的影响具有异质性。部分学者认为政府R&D补贴对企业技术创新的影响受地区、行业或企业性质、规模等影响，具有异质性。例如，景秀（2013）、林天宇（2016）认为政府R&D资助对企业R&D投入影响效应存在区域差异性，在较落后的西部地区，政府R&D补贴对自主创新产出推动作用不显著，而在较发达的中部、东部地区的R&D补贴会显著推动自主创新产出、绩效的提高，但是越是发达的地区R&D补贴对于自主创新产出绩效的推动作用反而较低；陈海声等（2015）、马永军（2020）、张翎（2020）、刘树林（2020）、孙文宣（2021）认为国有企业的政府R&D补贴与企业技术创新的倒"U"形关系更显著，政府R&D补贴对非国有企业和高科技企业的绩效影响更大，民营经济比重的上升则有助于政府R&D补贴作用的充分发挥；张强（2020）认为大企业和国有企业获得政府补贴越多，越不利于带来更高的创新效应，而高新技术企业获得的政府补贴越多，直接资金效应和风险分担效应越显著；王硕（2021）认为企业规模在政府研发补助与企业R&D投入之间起到明显的负向调节作用，大规模企业的政府创新补贴对企业R&D投入强度与企业创新绩效的促进效果更强；陈艺婷（2022）认为政府补贴对不同行业的战略性新兴产业的研发创新影响力度不同，政府补贴对节能环保行业影响力度比新能源与新能源汽车行业显著，在政府补贴的扶持下，节能环保行业或许仍有不少发展潜力得以挖掘。

（5）企业研发资金在政府研发补助与企业技术创新产出的关系中具有中介效应。部分学者认为，在政府补贴与企业绩效的关系中R&D投入具有明显的中介效应。例如，庄婉婷（2018）、张翎（2020）、邹文卿（2021）、陈千（2022）均发现企业研发资金和人员投入在政府R&D补贴与企业技术创新产出的关系中具有部分中介效应，且R&D人员投入的中介效应相比经费投入更加明显；王敏（2020）在区分企业所有权性质差异、企业规模大小及企业所处地域的差异后发现，在非国有控股企业中，企业R&D投入强度在政府创新补贴与企业创新绩效中发挥完全中介效应。大规模企业的政府创新补贴对企业R&D投入强度与企业创新绩效的促进效果更强，且对企业R&D投入强度发挥中介作用。对于地处东部区域的企业，其R&D投入强度发挥部分中介效应；而在中西部区域的企业中，其R&D投入强度发挥完全中介作用。

（6）政府研发补助效果的影响因素。部分学者认为，政府R&D资助效果受到工业化阶段、社会环境、知识产权保护水平、市场环境、创新活动阶段、补贴方式等的显著影响。廖信林（2015）认为政府R&D资助对企业自身R&D投入存在的杠杆效应随着工业化阶段的发展而不断增强。政府对科研机构的R&D经费资助对企业R&D投入有挤出效应，政府对高等院校的R&D资助对企业R&D投入有杠杆效应；武咸云等（2016）认为企业所处地区政治环境越差、反腐败力度越弱，R&D补贴的效应越不显著，反之亦然；赵悦祺（2016）认为对于传统产业，政府补贴与知识产权保护对企业R&D投资有显著为正的协同效应。对于高新技术产业，政府补贴均促进企业R&D投资，但政府补贴与知识产权保护的协同效应不显著；杨秀云（2016）认为在完全竞争的市场结构下，不管企业之间的研发方式如何，都不会对最终的研发投入水平产生任何影响。在完全垄断的市场结构下，由于市场上仅有1家企业，不存在R&D竞争或R&D合作的选择问题。在寡头垄断和垄断竞争的市场结构下，政府的最优补贴率应随企业数量的增加、溢出效应的增大而增大；朱祎（2019）将企业创新活动分为知识产出阶段和市场化阶段。他认为在知识产出阶段以专利申请数代表创新产出，在该阶段政府R&D补贴和R&D人员投入都能显著促进企业专利申请数增加；在市场化阶段以新产品销售收入代表创新产出，在该阶段政府R&D补贴不能促进新产品销售收入增加，而企业自主研发投入对新产品销售收入有显著的促进作用。同时，企业专利申请数会对政府R&D补贴产生显著的逆向激励效应；尹小璠（2022）认为政府R&D直接补贴不能通过增加企业研发投入从而进一步促进企业长期绩效的提升，而政府R&D税收优惠可以通过增加企业的研发投入进而有效提升企业长期绩效。

（二）研发后补助政策对区域创新的影响

很多省份通过采取普惠性的研发费用后补助激励机制，鼓励企业加大研发投入，有力支撑全社会研发经费及强度快速提升、进一步激发企业创新活力、营造研发氛围，带动了地区生产总值总量的增加。

（1）全社会研发经费总量稳步增长。我国R&D经费从1万亿元提高到2万亿元用时8年，从2万亿元提高到3万亿元仅用时4年，这4年正是各省（市）纷纷实施企业研发补助激励的阶段。2022年受多重超预期因素冲击，我国全社会研发活动受到一定影响，但企业研发费用后补助政策持续加力，科技奖励和激励机制不断完善，有效激发了市场主体创新活力，规上工业企业 R&D 经费为 19 361.8 亿元，比上年增长 10.5%，仍保持两位数增长，拉动全社会研发投入总量首次突破 3 万亿元大关。按不变价计算，R&D 经费增长 7.7%，高于"十四五"规划"全社会研发经费投入年均增长 7% 以上"的目标，这与"十三五"末各地区出台的研发奖补政策滞后效应有关。从各地区情况来看，全社会研发经费增长成效更明显。例如，河南 2016—2018 年 R&D 经费投入年度增量分别为 59.15 亿元、87.86 亿元、89.47 亿元。2017 年出台《河南省企业研究开发财政补贴实施方案》后，连续 2 年全省 R&D 经费投入年度增量保持在百亿元以上，2019 年和 2020 年年度增量分别达 121.52 亿元和 108.23 亿元；又如，宁波 2013 年围绕激发创新主体研发动力，率先在全国同类城市中出台加大全社会研发投入专项行动，"十三五"期间，全市 R&D 经费投入净增 148.03 亿元。

（2）研发投入强度快速提升。2016—2022 年我国 R&D 经费投入强度年均增幅为 0.072 个百分点，明显高于 2009—2015 年的年均增幅（0.062 个百分点）。2022 年我国 R&D 经费投入强度为 2.54%，比上年提高 0.11 个百分点，提升幅度为近 10 年来第二高。从各地区情况看，企业研发后补助政策也带来了研发投入强度的持续提升。例如，宁夏 2016—2018 年 R&D 经费投入强度年度增幅分别为 0.07 个、0.18 个、0.1 个百分点。自 2018 年出台《宁夏回族自治区企业研究开发费用财政后补助办法》后，2019 年 R&D 经费投入强度提升了 0.22 个百分点，2020 年 R&D 经费投入强度居全国第 19 位，在西北 5 个省份中仅次于陕西；例如，宁波 2019 年出台实施加大全社会研发投入专项行动计划后，全社会研发投入占 GDP 比重从 2016 年的 2.42% 提高到 2020 年的 2.86%。

（3）企业创新活力进一步增强。实施研发奖补政策，加大研发投入，是企业增强创新活力的重要举措。"十二五"期间，我国规上工业企业中有 R&D 活动的企业数年均增速为 12.5%，自 2016 年开始，有 R&D 活动的企业数快速增长，突破 10 万家，至 2022 年年均增速达到 15.1%。2022 年企业、政府属研究机构和高等学校三大主体 R&D 经费分别比上年增长 11.0%、2.6% 和 10.6%，企业增长得最快，其对 R&D 经费增长的贡献达到 84.0%，比上年提升 4.6 个百分点，是拉动 R&D 经费增长的主要力量。从各地区情况看，2020 年河南有 R&D 活动的企业数较 2017 年增加了 1367 家，仅 2019 年（政策出台第 2 年）就增加了 727 家，占全社会研发活动单位数的 94.1%。2020 年企业 R&D 经费达 788.4 亿元，比上年增长 13.8%，占河南 R&D 经费的比重达 87.5%，对河南研发投入增长的贡献率达 81.2%；2019 年云南出台《昆明经济技术开发区引导企业加大研究与试验发展经费投入"放管服"改革实施办法（试行）》后，自贸试验区昆明片区规上企业的研发投入总额从 2016 年的 8.91 亿元增长到 2020 年的 18.85 亿元（增长率达 115%），常年位居云南各县（市、区）之首，研发投入经费支出强度为 3.5%，远高于昆明（1.73%）及云南（0.95%）平均水平。2019 年宁波出台实施加大全社会研发投入专项行动计划后，2020 年宁波有研发活动的规上工业企业数、设立研发机构数分别达到4053家、3810家,均居全省第1位,规上企业研发经费占比在90%左右,居全国同类城市前列,规上服务业和建筑业企业R&D经费支出年均增速超过30%。

(4)地区生产总值总量增加。2016年7月,我国国民经济统计实施研发支出核算方法改革,研发支出由原来作为中间消耗,修订作为固定资本形成处理(即R&D资本化后计入GDP)。R&D资本化后,R&D支出既可以直接计入GDP,同时产生的创新绩效又可以驱动经济高质量发展,并最终对GDP再次做出贡献,实现R&D支出对GDP增长的双重叠加驱动。根据国家统计局的测算数据,2006—2015年我国GDP年均增速较R&D支出核算方法改革前提高0.06个百分点。从云南、河南、宁夏这3个实施研发财政补贴的省份看,2020年与2017年相比,云南、河南、宁夏R&D经费投入分别增长了1.56倍、1.55倍、1.53倍,增速分别排全国第6位、第8位、第10位,同期地区生产总值分别增加1.5倍、1.23倍、1.14倍,其中云南地区生产总值增速居全国第1位。这反映出R&D资本化计入GDP的范畴后,中间消耗有所减少,总产出和增加值有所增加,使GDP总量不同程度地增加。

(5)营造创新氛围。补贴力度加大,创新动力更强,世界知识产权组织2022年发布的全球创新指数(GII)显示,我国的科技创新表现在132个经济体中位列第11位,自2013年起我国的排名已提升了24个位次,连续10年保持稳定上升势头。2021年以来,山东通过建立"多投多奖、少投少奖"企业研发投入递增奖励机制,激励企业加大研发投入、增强发展后劲,形成了全社会鼓励创新、加大研发投入的良好氛围。"十四五"期间,内蒙古以"企业研究开发投入财政后补助办法"等政策措施,激发创新主体活力,为产业发展营造了良好的政策环境。

第五章 贵州省企业创新现状分析

一、企业创新发展的趋势与特征

"十四五"以来，贵州省以企业为主体、市场为导向、产学研相结合的创新体系建设取得积极进展，企业创新意识不断增强，企业研发投入的积极性不断提高，企业创新能力持续提升，企业创新主体的地位和作用进一步增强。然而，全国整体上已经进入工业化进程的后期，贵州还处于中期阶段，其他省份在与贵州经济总量大致相当时，工业占比都在36%～40%，但贵州工业增加值占GDP的比重为25.8%。工业化水平较低，导致企业创新意识不高、研发投入少、创新能力不强等问题依然存在。

（一）企业规模波动较大，占全国的比重呈下降趋势

从数量上看，贵州规上工业企业波动较大，在2018年达到峰值5583家，随后出现断崖式下滑，在2020年仅有4482家，尽管2021年以后出现较大提升，2022年达到5332家，但仍没有超过2018年峰值水平；从增速上看，2018年之前贵州均高于全国水平，但是之后和全国比有了一定差距，尽管2021年略高于全国水平，但在2022年又出现下滑，仍低于全国2.16个百分点；从占比上看，从2018年开始，贵州规上工业企业数量占全国比重呈逐年下降趋势，由最高值1.48%下降至2022年的1.13%，5年间下降了0.35个百分点（图5-1）。由此可见，与全国相比，贵州规上工业企业发展速度相对缓慢，与新型工业化的要求仍有差距，还需要持续发力。

（二）科技型企业规模不断壮大，但数量偏少且分布不平衡

贵州建立科技型企业培育库，支持科技型企业上市，构建覆盖企业成长周期的上规入统、上市培育孵化体系。高新技术企业从2015年的381家增加到2022年的2018家，仅2022年全省高新技术企业实现总产值2386.41亿元、高新技术产品销售收入2221.72亿元，其中新产品销售收入832.19亿元、贡献税收129.08亿元；全省1466家企业通过国家科技型中小企业评价并入库；构建完善"专精特新"中小企业梯度培育体系，省级以上"专精特新"中小企业累计达到693家，其中，国家级专精特新"小巨人"企业66家、省级"专精特新"中小企业366家，分别较2020年增加17家、228家；"十四五"期间，贵州新增国家级技术创新示范企业3家、省级技术创新示范企业19

家；高新技术产品（服务）收入占同期总收入达60%以上的企业，由2019年的603家上升到2022年的936家；规上工业企业中有研发机构的企业数从2015年的170家增加到2022年的395家，有R&D活动的企业数从2015年的285家增加到2022年的1354家，增长3.75倍，2019—2022年新增有研发活动的规上工业企业276家。规上工业企业中有研发活动的企业数占比由2019年的23.00%增长到2022年的25.40%，表明近1/3的规上工业企业有R&D活动（表5-1）。创新型领军企业中伟新材料在创业板上市，航宇科技、振华新材料在科创板上市。中伟新材料自主研发生产的三元前驱体材料市场份额居世界第一，市值达到1000亿元。贵能公司成功建造世界首台矿用机动型硬岩掘进机。

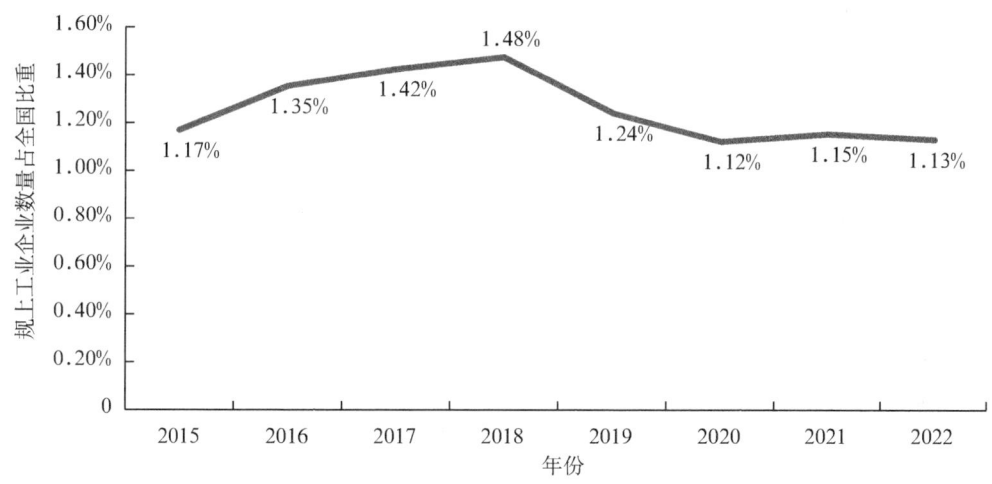

图5-1　2015—2022年贵州规上工业企业数量占全国比重

表5-1　2015—2022年贵州科技型企业数据统计

年份	规上工业企业中有研发机构企业数/家	规上工业企业中有R&D活动企业数/家	高新技术企业数/家	规上工业企业中有R&D活动企业数占比
2015	170	285	381	6.36%
2016	372	650	478	12.69%
2017	368	946	697	17.81%
2018	406	948	1173	17.85%
2019	520	1078	1644	23.00%
2020	603	1267	1897	28.27%
2021	445	1591	1863	31.28%
2022	395	1354	2002	25.40%

2022年国家高质量绩效考核报告中指出贵州目前存在的问题："由于产业链层次偏低，高端产品、高新技术产品较为缺乏，每万家企业法人中高新技术企业数量有所下降，要强化高新技术企业精准服务，加大高新技术企业培育力度。"2022年全省高新技术企业有2002家，占西部地区的65%，仅为深圳市的8.7%、杭州市的18.2%。每万家法人中高新技术企业数仅为31.41家，且该指标近两年还在下降。同时，贵州高新技术企业分布不平衡，仅贵阳市就占65%，六盘水市、毕节市、铜仁市、黔西南州、黔东南州5个市（州）高新技术企业数之和仅为226家，占贵阳市的17.38%。

（三）研发投入力度不断加大，但研发投入依然不足

贵州全社会R&D经费支出从2015年的62.3亿元增长到2022年的199.34亿元，增长了2.2倍，年均增速为18.1%；R&D投入强度从2015年的0.59%增长到2022年的0.99%，连续7年保持持续稳定增长，2022年较2021年同比提升0.06个百分点，取得"十四五"以来最大增幅。

企业、高等学校、政府属研究机构三大研发活动主体中，2022年企业R&D经费占全社会R&D经费的比重达到77.4%，与全国平均水平持平，对全省R&D经费增长的贡献达80%，企业的R&D经费投入主体地位进一步夯实。规上企业R&D经费支出从2019年的110.38亿元增长到2022年的154.36亿元，增长了39.84%，2019—2022年累计投入研发经费约530亿元。规上工业企业R&D经费支出由2015年的45.73亿元增长到2022年的131.75亿元，增长了1.88倍，年均增速为16.3%，占全国规上工业企业R&D经费内部支出比重也由2015年的0.46%增长到2022年的0.68%，提升了0.22个百分点；企业R&D经费支出占营业收入的比重由2015年的0.47%增长到2022年的1.15%，增加了0.68个百分点；企业技术获取和技术改造经费支出占营业收入的比重由2016年的0.84%增长到2022年的0.88%，增加了0.04个百分点，2022年居全国第1位（表5-2）。"十四五"期间，全省科技管理部门累计为696家企业开展研发费用税前加计扣除技术鉴定服务，涉及企业研发投入56.94亿元，减免所得税11.29亿元。兑现82项科技创新券项目，补助经费1603万元。表明贵州规上工业企业R&D经费内部支出虽然总量偏少，但是由于政府和企业的重视程度越来越高，各种补助政策也在不断出台，近年来研发投入保持了高速增长态势。

表5-2 2015—2022年贵州企业R&D经费支出情况

年份	全社会R&D经费支出/亿元	规上企业R&D经费支出/亿元	规上工业企业R&D经费支出/亿元	企业R&D经费支出占营业收入比重	企业技术获取和技术改造经费支出占营业收入比重
2015	62.3	—	45.73	0.47%	—

续表

年份	全社会R&D经费支出/亿元	规上企业R&D经费支出/亿元	规上工业企业R&D经费支出/亿元	企业R&D经费支出占营业收入比重	企业技术获取和技术改造经费支出占营业收入比重
2016	72.4	—	55.69	0.46%	0.84%
2017	95.9	—	64.86	0.50%	0.67%
2018	121.6	—	76.23	0.61%	0.50%
2019	144.7	110.38	91.02	0.80%	0.51%
2020	161.71	123.89	105.36	0.93%	0.62%
2021	180.35	141.55	121.06	1.13%	0.44%
2022	199.34	154.36	131.75	1.15%	0.88%

贵州企业办研发机构的数量较少，2021年有R&D活动的企业数、有研发机构的企业数分别仅占西部地区的9.76%和7.1%，规上工业企业办研发机构有503家，仅为江苏的2.83%、广东的1.52%，规上工业企业有研发机构的企业数增长率排全国第26位，增长也较为缓慢。近年来，受下游需求减少、经济下行等因素影响，贵州一些企业经营状况不容乐观，随着生产和经营成本的不断上涨，部分企业减少了对研发的投入，贵州规上工业企业研发投入增速趋缓。2020—2022年规上工业企业R&D经费内部支出每年增长率（20.0%、14.9%、8.8%）呈下降趋势，占全社会R&D经费的比重由2016年的73.3%下降至2022年的66.1%，规上工业企业中有研发活动的企业占比自2018年以来首次出现下降，由2021年的31.3%下降至2022年的25.4%。根据《中国区域创新能力评价报告2023》，贵州企业欠缺连续性、高增长的投入能力，缺乏可持续性。2023年规上工业企业研发人员增长率、规上工业企业研发活动经费内部支出总额增长率、规上工业企业有研发机构的企业数增长率、有电子商务交易活动的企业数增长率、规上工业企业新产品销售收入增长率分别较上年下降2.58个百分点、0.84个百分点、20.74个百分点、4.72个百分点、12.28个百分点。

（四）企业科技人才加速集聚，但高端人才匮乏

科技人才是人才资源的重要组成部分，是科技创新的关键因素，是推动经济社会发展的重要力量。近年来，贵州通过完善科技人才发现、培养、引进、使用和激励的政策体系，优化科技人才发展环境，科技人才持续富集。截至2023年，贵州有中国科学院院士4名、中国工程院院士2名；共有27名中青年科技创新创业领军人才入选国家人才计划，其中2021年有7人入选，创历史新高。在重点行业、重要领域和行业遴选培养187名高层次创新型"十""百"层次人才、384名优秀青年科技人才，培育建设 246 个高水平科技创新人才团队。

"十三五"以来,科技人才向企业加速集聚。贵州规上工业企业 R&D 人员数由 2015 年的 2.25 万人增加到 2022 年的 4.95 万人,增长了 2.7 万人,较 2015 年翻了一番,年均增速为 11.92%。规上工业企业 R&D 人员占全国规上工业企业 R&D 人员比重由 2015 年的 0.62% 上升到 2022 年的 0.83%,其中 2018 年最高为 0.88%;规上工业企业 R&D 研究人员数由 2015 年的 7363 人增加到 2022 年的 13 616 人,增加了 6253 人,年均增速为 9.18%;2022 年规上企业 R&D 研究人员占全社会 R&D 研究人员比重为 40.17%,较 2015 年下降了 5.18 个百分点(表 5-3)。

表 5-3　2015—2022 年贵州规上工业企业 R&D 人员情况

单位：人

年份	规上工业企业 R&D 人员数	规上工业企业 R&D 研究人员数	规上工业企业 R&D 研究人员占全社会 R&D 研究人员比重
2015	22 465	7363	45.35%
2016	27 677	9126	46.25%
2017	32 616	9775	46.27%
2018	37 686	9221	38.42%
2019	37 644	10 635	40.17%
2020	41 280	12 200	35.57%
2021	44 499	13 260	41.30%
2022	49 531	13 616	40.17%

贵州经济发展相对滞后,高端创新平台和载体不多,对人才的吸引、集聚效应有限,科研人员总量依然小、高端人才匮乏。《中国区域科技创新评价报告 2023》显示,贵州科技人力资源指数为 50.05%,全国排名倒数第三,低于全国平均水平(97.62%)47.57 个百分点。贵州高层次人次匮乏,特别是缺乏战略创新人才、创新领军人才、高技能人才,截至 2023 年,全省院士仅有 6 人,管理期内的省管专家(Ⅰ类)75 人、省管专家(Ⅱ类)360 人;万人 R&D 研究人员长期居全国第 29~30 位;研究生教育尤其是博士研究生教育发展严重滞后,十万人博士毕业生数仅为 0.53 人(全国平均水平为 5 人/十万人),在全国长期挂末。2021 年规上工业企业 R&D 人员数 4.45 万人,仅为全国的 0.7%,占第二产业就业人员总数的比重为 0.94%。与产业发展密切相关的企业专业技术人才、高技能人才分别仅占全国的 1.78%、0.6%。

（五）创新平台和载体建设得到加强，但高端创新平台和载体总体匮乏

围绕国家和贵州省战略需求,贵州省重大科技基础设施、重点实验室为引领的高水平创新平台建设得到加强。中国"天眼"建成使用，省部共建国家重点实验室、国家工程实验室实现"零"的突破。截至目前，贵州省共有国家级创新平台98个。其中，建成国家重点实验室7个、国家工程技术研究中心5个、国家工程实验室1个、国家企业技术中心26个、国家地方联合工程研究中心29个、国家级众创空间23个、企业孵化器8家。自1992年以来，国家级高新区首次实现突破，达到3个，省级及以上高新区达12家，实现市（州）全覆盖。随着贵州省创新平台建设，呈现出以下几个特点：一是凸显出地方特色。在喀斯特石漠化防治、地球化学等贵州省特色优势领域，拥有我国唯一的国家级石漠化防治工程技术研究中心、中国科学院在贵州省设立唯一的研究所，建成6个国家级创新平台。二是充分依托资源禀赋搭建创新平台。依托贵州省磷矿、铝镁、中药材等优势资源，实现贵州省国家重点实验室建设"零"的突破，建成5个国家级创新平台。三是由于"三线建设"历史沉淀，在061、011航天工业基地、083电子工业基地，建成17个国家级创新平台。四是由于天然的地理环境，拥有西南地区首个国家大科学装置，实现了国家在贵州省布局科学大工程"零"的突破。五是贵州省的创新平台主要集中在黔中经济圈。2022年全省工程技术研究中心主要分布在贵阳市、遵义市、安顺市，占比分别为68.21%、9.27%、6.62%；重点实验室主要分布在贵阳市和遵义市，两者合计占全省比重达到94.37%，还有3个市（州）仍未实现"零"的突破；企业技术中心主要分布在贵阳市、遵义市、安顺市、黔南州，占比分别为57.66%、19.76%、5.65%、4.84%。

（1）工程技术研究中心。贵州省工程技术研究中心运用其工程化研究开发和设计优势，积极开展国外引进技术的消化、吸收与创新，成为企业吸收国外先进技术、提高产品质量的技术依托。截至2022年年底，贵州省工程技术研究中心达到151个，较2015年增加了16个，2022年较2015年增长了11.85%。由于在2018年之后科技部不再批复新建国家工程技术研究中心，因此，贵州省国家工程技术研究中心保持5个，省级工程技术研究中心由2015年的100个增长至2022家的146个，年均增长率达到5.56%。

（2）重点实验室。贵州省重点实验室数量稳步增长，省部共建公共大数据国家重点实验室、绿色农药全国重点实验室先后获批建设，特种化学电源全国实验室重组成功，国家（全国）重点实验室达到7家。省部共建国家重点实验室和企业国家重点实验室都实现"零"的突破。贵州省国家重点实验室和省重点实验室在科学前沿探索和解决国家、省重大需求方面发挥了非常重要的作用，在科学研究方面取得不少具有代表性的成果，引领和带动了行业技术进步。

（3）企业技术中心。"十四五"期间，全省新增国家企业技术中心2个、国家科技企业孵化器3个、省级以上企业技术中心52个、省级工业设计中心29个、省级制造业创新中心1个。截至目前，贵州省拥有企业技术中心300个，较2015年增加112个，年均增长率为7.15%。其中，国家级企业技术中心占比持续提升，由2015年的8.70%提升到2022年的10.48%，表明贵州省企业技术中心创新能力在不断提升。

由于贵州省高端创新平台少，且分散在不同行业、不同领域，科技资源配置渠道相对独立和封闭，有限的力量得不到有效的整合。一是国家级创新平台相对匮乏。全省国家重点实验室仅有5个（全国近500个），国家工程技术研究中心也仅有5个（全国360余个）；二是创新平台分布不均衡，创新要素力量不够聚合。从地区分布看，贵阳市、遵义市、安顺市集中了全省98%的重点实验室、86%的工程技术研究中心。从产业分布看，创新平台主要集中在装备制造业、民族制药和特色食品产业、化工产业等贵州省传统优势产业上，在电子信息和大数据等新兴产业布局较少，产业链与创新链结合不够。

（六）企业创新绩效不断提升，但促进经济社会高质量发展的水平较低

规上工业企业专利申请数从2015年的3782件提高到2022年的9294件，翻了3倍，年均增速达到13.71%，超过全国平均水平0.78个百分点。尽管发明专利申请数占比从2015年的51.64%下降到2022年的45.41%，但整体来说仍高于全国平均水平。由图5-2可知，有效发明专利数从2015年的4096件提高到2022年的10 342件，增长了1.52倍；规上工业企业国内技术成交额为12.4亿元，居全国第8位、西南第1位。规上工业企业新产品开发项目数、经费支出分别从2015年的1623项、42.42亿元提高到2021年的5381项、105.44亿元，新产品销售收入从2015年的394.48亿元提高到2021年的1020.77亿元，增长了1.59倍，占主营业务收入比重从2015年的3.97%提升到2020年的9.61%，新产品销售收入快速增长。规上工业企业承担的R&D项目有5893项，较2015年增长2.64倍，全部项目经费内部支出达到121.74亿元，较2015年增长2倍。2022年，全省高新技术产业产值达到6352.56亿元，较2020年增加1633.05亿元，年均增速为4.34%。高技术产业利润率达到6.4%，较2020年提升0.25个百分点。工业战略性新兴产业总产值占工业总产值比重为21.5%，较2020年提升6个百分点。

贵州目前多数企业处于产业链的低端，承载了很多加工、制造任务，发展方式更多地停留在技术应用、成果转化等层面，缺乏原始创新，对外来技术的消化吸收再创新能力不足，也难以转化为本地经济产出。科技促进经济社会发展水平低于全国平均水平16.3个百分点，居全国第28位。劳动生产率在全国的位次长期挂末，高技术产业劳动生产率长期居全国第29～30位。高新技术产业对全省经济贡献作用并不明显，2022年全省高新技术总产值6352.56亿元，相当于四川的17.09%、重庆的18.29%。2021年高新技术产业工业增加值占全省规上工业增加值比重的14.8%（图5-2）。

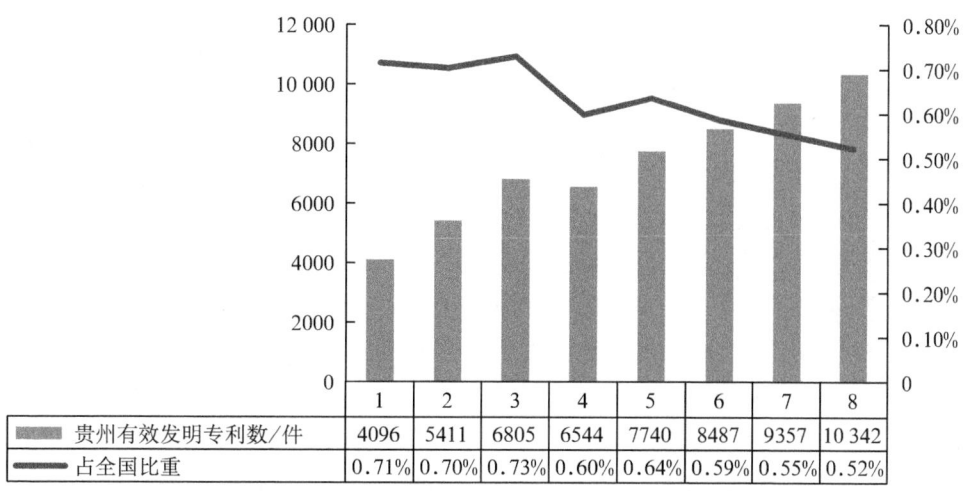

图 5-2 2015—2022 年贵州规上工业企业有效发明专利数及占比

（七）企业科技合作不断加强，但省内产学研合作偏少

近年来，贵州积极探索"广东研发+贵州制造"、"东部研发+贵州制造"、"省外研发+省内转化"、离岸创新孵化基地等协作模式，以项目化、清单化的方式推进科技合作，把东西部协作工作做实做好，先后与华为、腾讯、越秀、华大基因等在粤龙头企业进行深入合作，推动贵州省企业科技合作水平有新的进步。特别是实施"强省会"战略以来，东西部科技合作的步伐进一步加快，贵安华为云数据中心、华为大数据学院、贵安新区腾讯七星数据中心、华大基因（贵州）科技园等一批大数据项目先后建成投用。依托东西部扶贫协作机制及泛珠三角区域合作机制，对接华南农业大学等 20 家国内院所高校企业，共同开展植物资源利用开发、农产品加工技术转化等，聚集资源联合攻关，实施重大科技项目"揭榜挂帅"机制，累计发布 10 批 24 个技术榜单，立项实施 11 个科技重大专项，吸引何满潮院士等 120 余个科研团队参与竞榜，在国务院第八次大督查中得到国务院办公厅通报表扬。积极建设国家国际科技合作基地。围绕电子信息、生物医药、现代农业、能源新材料等领域，组织开展国际科技合作交流，打造国际前沿技术和国际高端人才交流的平台，引进国外技术、提升产业技术水平。截至 2021 年，拥有国家国际科技合作基地 5 个，较 2017 年增加了 3 个。

贵州省企业侧重与西南地区、北上广等地的高校、科研院所合作，开展产学研，跟省内的高校合作偏少。一方面，贵州省高校、科研院所科技资源配置相对分散、独立和封闭，科研成果与产业融合不够，主动服务企业的动力不足。2021 年，高校、科研院所研发经费内部支出额中，来自企业的占比从 2016 年的 12.3% 下降到 7.82%，增长率由 2016 年的 38.09% 下降到 5.79%；另一方面，企业创新要素不全，无法满足高校、科研院所成果转化需求。

(八)企业主导的融通创新生态基本形成,促进企业创新的机制不够健全

贵州省改革省级科技计划项目后,除医疗等社会公益性项目外,在科技重大专项、科技支撑、科技成果应用及产业化三大类计划中,均要求项目牵头单位为企业,引导创新要素向企业聚集。"十四五"期间,企业牵头承担的科技项目占总立项数的2/3,获得科技资金支持20.4亿元,带动企业投入55.9亿元。全省科技系统开展"千企面对面"科技服务,3年累计服务科技型企业8405家,征集技术需求1435条,凝练纳入省级科技计划项目指南。修订完善《贵州省中小企业促进条例》,支持科技型中小企业开展创新创业创造。开展"政策找企业、企业找政策"活动,搭建"科技政策超市"服务创新主体的做法被国务院办公厅列入全国政务数据共享典型案例。优化高新技术企业申报流程,将认定机制从"一次申报"优化为"常年申报、分批评审"。省科技厅与省国资委联合建立省属国有企业科技创新协调联络工作机制。

贵州省常规科研管理制度已健全,但创新的团队、创新的课题在评价模式或者评审模式上本就有别于传统常规的方式,因此,目前贵州省缺乏科学合理的科技创新研究成果考核、科研成果转化应用利益分配机制。此外,贵州省欠缺有效的外部市场转化。企业科研对外部市场的挖掘与开发利用较少,缺乏对外部商业市场化的技术突破和产业化应用。尤其是在国有企业,对市场中职业经理人引进较少,缺乏相应的人才对市场和资本做正确预判,导致科研课题从源头上就与资本市场存在"两张皮",难以进行市场转化。

二、经济社会发展对企业创新的要求

(一)经济社会发展趋势

(1)经济具有较强的增长韧性。党的十八大以来,贵州经济发展进入新常态,尤其是受新冠疫情冲击,各种前所未有的因素相互叠加,经济增长和发展面临着一系列新挑战和严重的不确定性,内部面临着结构性、体制性、周期性问题相互交织带来的困难和挑战,但经济仍表现出较强的增长韧性和抗击打能力。贵州省经济增速连续9年位居全国前三、近3年连续位居第一,地区生产总值在全国从2015年的第25位上升到2022年的第24位,人均地区生产总值从2015年的第29位上升到2022年的第28位。一是彻底撕掉了千百年来的绝对贫困标签,全省66个贫困县全部摘帽,923万名贫困人口全部脱贫,192万名群众搬出大山,在国家脱贫攻坚成效考核中连续5年为"好",减贫人数、易地扶贫搬迁人数全国最多,书写了中国减贫奇迹的贵州精彩篇章,与全国同步全面建成了小康社会。二是继续保持了赶超进位的强劲势头,经济增速持续位居全国前列,经济总量超过2万亿元,在全国的排位明显上升,综合经济实

力大幅跃升。持续优化产业结构，十大工业产业快速壮大，12个农业特色优势产业蓬勃发展，以旅游业为龙头的服务业创新发展十大工程提质增效。三是有力抗击了新冠疫情，最大限度地保护了人民的生命安全，圆满完成新中国成立以来贵州第一次大规模对外省开展医疗支援的重大政治任务。四是呵护环境防治污染，生态文明建设整体性跃升。持续开展"贵州生态日"活动，全面推行河湖长制、林长制，森林覆盖率达62.12%，2022年较2016年提高10个百分点以上，"世界自然遗产地"数量居全国第一。中心城市空气质量优良天数比率达98%以上，主要河流出境断面水质优良率达100%，在国家污染防治攻坚战成效考核中连续获得优秀等次，30项生态文明制度改革成果列入国家推广清单。

（2）现代化经济体系加快构建。贵州省委十二届八次全会提出"十四五"时期以高质量发展统揽全局，把推动新型工业化、新型城镇化、农业现代化、旅游产业化作为全省高质量发展的主攻方向。这是立足贵州省资源禀赋和发展短板做出的战略部署，是在新时代西部大开发上闯新路的主攻方向。"四化"是一个有机整体，形成支撑高质量发展的现代化产业体系。一是大力推进新型工业化，构建高质量发展工业产业体系。把新型工业化作为高质量发展的首要任务，以十大工业产业（基础能源、清洁高效电力、优质烟酒、新型建材、现代化工、先进装备与制造、基础材料、生态特色食品、大数据电子信息产业、健康医药）集群化发展为主抓手，以开发区项目建设为主平台，推动产业高端化、绿色化、集约化发展，推动工业大突破。酒、烟、煤、电等传统优势产业实现内涵式集约发展，建设全国重要的白酒生产基地和新型综合能源基地；磷、铝、锰等资源型产业向精细化、高端化方向发展，打造全国重要的资源精深加工基地；数字经济壮大规模引领转型，大力推进数字产业化、产业数字化，建设信息技术服务产业集群；新兴产业抢抓机遇培育壮大，新能源动力电池及材料研发生产基地加快建设，大力建设新型功能材料产业集群，提升高端装备、节能环保、航空航天、健康医药等产业竞争力。二是大力推进新型城镇化，构建高质量发展城镇体系。构建以黔中城市群为主体，贵阳贵安为龙头，贵阳—贵安—安顺都市圈和遵义都市圈为核心增长极，其他市（州）区域中心城市为重点，以县城为重要载体，黔边城市带和特色小城镇为支撑的新型城镇化空间格局。做大做强城镇工业经济、加快发展城镇服务经济、积极发展城镇消费经济、大力发展城镇创新经济、全力发展县域经济。全面提升城镇品质、统筹城乡区域协调发展，形成优势互补的区域经济发展格局。三是大力推进农业现代化，构建高质量发展乡村建设体系。巩固拓展脱贫攻坚成果，做大做强12个重点农业特色优势产业，大力发展特色林业和林下经济，着力提高农产品加工转化率，建设"一县一业"示范县，推动农村一二三产业融合发展。加强现代农业基础设施建设，整县推进高标准农田建设，培育龙头企业、合作社、家庭农场等新型经营主体。加强农业水利设施和高标准农田建设，深入实施种业振兴行动，提升农业设施化机械化智能化水平，建设一批高标准种养基地和农业现代化示范区。建设绿色农产品供应基地和出省重要枢纽农产品集散中心，加快产地冷链物流设施建设，全力推动"黔货出山"。四是大力推进旅游产业化，构建高质量发展现代服务业体系。大力推动旅游产品提质，建设旅游目的地城市和高品质旅游景区、度假区。大力推动旅游品牌提质，培育创建国家级文化产业示范园区（基地）、国家文化产业和旅游产业融合发展示范区。大力推动旅游服务提质，强力维护良好的旅游消费环境。深入实施服务业创新发展十大工程，全力推动生产性服务业向专业化和价值链高端延伸，大力推动生活性服务业向高品质和多样化升级。

（3）数字经济新模式新业态进一步发展。伴随着新一轮科技革命和产业革命的持续推进，叠加疫情因素影响，数字经济已成为当前最具活力、最具创新力、辐射最广泛的经济形态，是国民经济的核心增长极之一。近年来，贵州省深入实施大数据战略行动，加快建设国家大数据（贵州）综合试验区，全省数字经济发展保持良好势头，数字产业化蓬勃发展、产业数字化持续深入、数字治理不断提升、数字红利加速释放、基础保障更加巩固。作为全国首个大数据综合试验区和国内首个发布省级层面数字经济发展专项规划的省份，2021年贵州省数字经济增长势头强劲，增速超过15%，增速连续6年排名全国第一。全省软件和信息技术服务业软件业务收入增长26.3%；电子信息制造业加快结构调整，智能电视、电子元件等产品产量快速增长；电信业务总量、收入同比分别增长31%、5.6%。"十四五"时期，贵州省深入实施数字经济战略，高质量建设国家大数据综合试验区，大力发展数字经济，推动大数据与实体经济深度融合。一是大力推动数字产业化。推进国家大数据综合试验区和贵阳大数据科创城建设，培育壮大人工智能、大数据、区块链、云计算等新兴数字产业，大力发展以云计算服务为核心的软件和信息技术服务业、互联网和相关服务业，打造南方最大、服务全国的云计算服务产业集群；加快推进"东数西算"工程，布局建设主数据中心和备份数据中心，建设全国一体化算力网络国家枢纽节点，打造面向全国的算力保障基地。加速培育平台经济、共享经济等新业态，在国产数据库等软件开发设计领域形成新突破；大力发展高端电子信息制造业，重点布局智能终端、锂离子电池、新型电子元件、新型显示设备、高性能服务器和计算机等领域，加速提升产业链、大力发展通信业，做大"流量经济"，提升信息消费规模和水平；建设贵阳大数据交易所，大力推动数据要素汇聚和流通，建设全国一流的数据要素集聚开发基地及数据流通市场。二是大力推动产业数字化。大力发展数据融合新业态，推动特色优势产业与大数据深度融合发展。①推进工业数字化改造，推动在矿产、轻工、新材料、航天航空等产业领域建设国家级、行业级工业互联网平台，促进产业数字化转型；②深化农业产销智慧对接，建好用好农业综合服务平台，大力发展智慧农业，加快农业向生产管理精准化、市场销售网络化融合升级；③推动服务业向平台型、智慧型、共享型融合升级，大力发展智慧教育、智慧医疗、智慧物流等数字化新业态。促进数字经济创新创业，配套完善政策扶持体系。三是大力推动数字化治理。创新数字治理模式，完善提升"一云一网一平台"，深入实施"数字政府"建设行动。四是加强数字社会建设，推进基层数字化治理。推进"互联网+""大数据+""区块链+"等在民生领域普及应用，扩大数字民生服务，运用大数据支撑解决公共服务不平衡不充分问题。五是推进"公共数据资源开发利用试点省""全国一体化在线政务服务平台试点省"建设，推进公共数据资源共享、开放、开发。六是探索建立数据要素驱动的数字化治理创新体系。完善大数据安全体系，推进大数据国家安全靶场升级，增强数据安全保障能力，开展数据跨境传输安全管理试点。

（4）内陆开放型经济试验区建设提档升级。"十四五"时期，贵州省不断深化改革、扩大开放，统筹基础设施"硬联通"和规则标准政策"软对接"，深入推动制度型开放，推动内陆开放型经济试验区建设提档升级，最大限度地为高质量发展赋能增力。一是大力提升开放平台能级，全面提升综合保税区、跨境电商综合试验区等开放载体功能，持续把生态文明贵阳国际论坛、中国国际大数据产业博览会、中国—东盟教育交流周、中国（贵州）国际酒类博览会、国际山地旅游暨户外运动大会等重大开放活动办成汇聚开放资源、展示开放形象、提升开放实效的大舞台。二是大力提升产业招商实效，深化"东部总部+贵州基地""东部研发+贵州制造""东部企业+贵州资源""东部市场+贵州产品"等合作模式，引进更多头部企业、上市公司、外贸实体龙头企业，引进培育独角兽企业、瞪羚企业等优强企业。三是大力提升贸易投资自由便利水平，加快发展跨境电商、外贸综合服务、海外仓等新业态新模式，积极扩大机电产品、绿色低碳化工产品、特色农产品等出口。四是大力提升开放通道优势，积极参与西部陆海新通道建设，打通北上长江、南下珠江的水运通道，深度融入长江经济带发展，全面加强与珠三角、长三角、成渝、北部湾等地区的联系。把粤港澳大湾区作为贵州扩大开放合作的主攻方向，加快构建和优化粤黔之间铁路、公路、航空、水运立体交通网络，完成贵广铁路提质改造工程，建设贵阳至广州港、深圳港等铁路集装箱货运大通道，全力推动粤黔合作共建产业园区，深化与香港、澳门的务实合作。扩大与东南亚、中亚、欧洲、日本、韩国等国家和地区合作，加快沿着"一带一路"走出去。

（5）宏观经济下行压力加大。从外部形势看，近期以来，国内疫情和俄乌冲突等多重不稳定因素相互叠加，导致宏观经济下行压力加大。一是新冠病毒变种持续蔓延，国内疫情呈现点多、面广、频发态势，疫情防控形势严峻复杂。二是俄乌局部战争爆发，国际市场恐慌蔓延，避险情绪升温，金融市场出现大幅震荡，石油能源等大宗商品价格飙升。欧美国家通胀创历史新高，美联储开启加息周期，主要国家货币政策出现严重分化。三是在疫情蔓延和俄乌冲突因素叠加下，我国经济面临的"三重压力"进一步加大，在短期内难以彻底扭转，在局部冲击下甚至会引发"循环叠加"效应，导致下游实体经济不振、就业形势严峻，诱使局部风险外溢。就业压力明显加大，总量和结构上都可能突破目标底线；企业的运行状态和居民的收支状况恶化，市场脆弱性进一步上扬。从省内看，贵州省既与全国一样面临需求收缩、供给冲击、预期转弱的"三重压力"，又存在自身结构性、体制性、周期性问题的制约，经济社会发展还有不少困难和问题。主要表现在以下方面：疫情形势仍存在较大变数，产业链供应链循环不畅，部分行业和企业仍存在不少困难，消费和投资需求不振，经济保持稳定增长的难度加大；部分地方债务风险等级仍然较高，财政收支矛盾突出，"三保"压力大，金融、生态、安全生产等领域还存在风险隐患；巩固脱贫攻坚成果任务依然艰巨，教育、医疗、养老、托育等民生领域还有不少短板；政府系统部分干部攻坚克难的本领还不够强，真抓实干的作风还不够硬。

（6）生态环境压力更加严峻。2022年中央第二生态环境保护督察组的反馈指出，近年来贵州省积极建设国家生态文明试验区，取得较好成效，但与党中央要求和人民群众期盼相比仍有差距，一些流域、区域生态环境问题还比较突出。目前，贵州省进入了经济快速发展时期，这将对省内的生态环境带来更加严峻的挑战。贵州省在实现历史性跨越的同时，也将面临调整能源和产业结构、维护生态环境平衡等严峻问题，其中最为突出的是人口密度大、水土流失严重、水污染和无序开采等。因此，生态环境压力乃至局部恶化的风险将长期制约贵州省经济社会的可持续发展。

（二）对企业科技创新的要求

（1）国家层面的要求。党的十八大以来，以习近平同志为核心的党中央高度重视科技创新，把科技创新摆在国家发展全局的核心位置，做出战略谋划和系统部署。习近平总书记结合时代特点，深入分析了新时代我国科技创新所面临的一系列问题，围绕实施创新驱动发展战略、建设创新型国家，提出一系列新思想、新论断、新要求，科学回答了事关我国科技事业发展的一系列重大问题。

习近平总书记多次对企业科技创新提出要求。2016年在全国科技创新大会、两院院士大会、中国科协第九次全国代表大会上的讲话："企业是科技和经济紧密结合的重要力量，应该成为技术创新决策、研发投入、科研组织、成果转化的主体"。党的二十大报告中指出："加强企业主导的产学研深度融合，强化目标导向，提高科技成果转化和产业化水平。强化企业科技创新主体地位，发挥科技型骨干企业引领支撑作用，营造有利于科技型中小微企业成长的良好环境，推动创新链产业链资金链人才链深度融合。"2022年中央经济工作会议："布局实施一批国家重大科技项目，完善新型举国体制，发挥好政府在关键核心技术攻关中的组织作用，突出企业科技创新主体地位。"并且"要深化国资国企改革，提高国企核心竞争力"。2023年1月31日，习近平在中共中央政治局第二次集体学习时强调："优化生产力布局，推动重点产业在国内外有序转移，支持企业深度参与全球产业分工和合作，促进内外产业深度融合，打造自主可控、安全可靠、竞争力强的现代化产业体系。"这些重要论述明确了强化企业科技创新主体地位的战略意义，深化了对创新发展规律的认识，完善了创新驱动发展战略体系布局，为新时代新征程更好发挥企业创新主力军作用指明了方向。从"创新主体"转变为"科技创新主体"，表明企业在国家创新体系中的地位上升到新高度。

同时，习近平总书记关于企业科技创新的重要论述是给贵州科技工作提出的新使命、新任务、新要求，更是贵州科技抢先机、谋突围和促赶超的"指南针""定盘星""锦囊计"。我们要深入学习领会，进一步深化对企业科技创新重要性的认识，更加突出企业在基础研究、应用基础研究、技术创新、成果转化和产业化全过程的主体地位，从战略和全局高度把科技创新工作推向前进。

（2）省委省政府的要求。省委省政府高度重视科技创新工作，省第十三次党代会向全省发出了"大张旗鼓创新"的号召，对"全力推进科技创新"做出了部署。2022年省委省政府研究出台《贵州省科技创新实施纲要（2021—2035年）》《关于进一步加强科技创新推动高质量发展的意见》，对当前和今后一个时期推进全省科技创新工作提出了一系列新举措。提出推进特色科技强省建设的目标，使科技创新这个"关键变量"转化为高质量发展的"最大增量"。2023年，省委办公厅、省政府办公厅出台《关于开展向科技要产能专项行动的通知》，提出向农业科技要产能、向工业科技要产能、向旅游科技要产能、向建筑科技要产能、向数字科技要产能，加快科技成果转化应用，全力推动科技赋能三次产业，促进全省高质量发展和现代化建设。同年，省委办公厅、省政府办公厅出台《关于深入推进实施六大重大科技战略行动的通知》，提出实施战略科技力量培育行动、实施新一轮找矿突破战略行动、实施矿产资源选冶攻关行动、实施能源产业绿色低碳转型行动、实施现代山地特色高校农业支撑行动、实施数字化赋能产业行动，狠抓贵州省六大重大科技战略行动落地落实，突出科技自立自强，加快建设特色科技强省。

企业不仅是贵州省经济平稳运行的关键，也是科技创新的基本盘和潜力所在。因此，贵州省在2022年出台的《关于进一步加强科技创新推动高质量发展的意见》中提出："强化企业创新主体地位。建立健全激励企业的创新体制机制和政策体系，持续支持企业成为技术创新决策、研发投入、科研组织、成果转化的主体。"从提升企业创新能力、实施规上工业企业研发活动扶持计划、壮大科技型企业队伍、完善科技金融支持等4个方面做出部署。其中"实施规上工业企业研发活动扶持计划"包括："建立省、市（州）、县（市、区、特区）联动支持规上工业企业研发活动机制，以差异化激励方式，鼓励企业加大研发投入，推动人才、技术、项目、资金等创新要素向企业集聚。完善国有企业经营业绩考核办法，对研发费用全部视同利润予以考核。充分利用财政资金与政策杠杆，撬动企业在自主创新方面的人力、物力和财力投入"等方面的内容。

为进一步贯彻落实"建立省、市（州）、县（市、区、特区）联动支持规上工业企业研发活动机制，以差异化激励方式，鼓励企业加大研发投入"，激发企业创新活力，强化企业创新主体地位，贵州省亟须出台规上工业企业研发后补助政策，鼓励规上工业企业开展研发活动。

第六章　贵州省研发后补助政策实施现状

一、支持企业创新的政策演变

（一）时间演变

"十三五"以来，贵州省从企业培育、税收优惠、科技金融、知识产权等方面出台了系列支持企业创新的政策，推动企业科研组织、研发投入、技术攻关、品牌建设。在不同历史时期，政策的内容、范围及干预方式都不同，根据企业创新政策历史进程可以分为以下3个历史阶段。

第一阶段：2017—2020年

2017年12月，贵州省人民政府印发《新形势下加快知识产权强省建设的实施意见》，强调发挥企业在知识产权创造中的主体作用，深入实施知识产权优势企业、示范企业培育和中小企业知识产权战略推进工程，鼓励企业完善职务发明奖励和报酬制度，采取知识产权入股、股权期权奖励、岗位分红等方式，激发研发人员创造积极性；引导企业利用"专利审查高速路"国际合作网络快速获得海外知识产权，鼓励企业商标国际注册，支持企业品牌建设。

2018年2月，贵州省人民政府办公厅印发《关于改革完善博士后制度的实施意见》，鼓励和支持中小型高科技企业特别是民营中小型高科技企业设立工作站，鼓励符合条件的企业按照有关规定，通过股权、期权、分红等激励方式，调动博士后研究人员创新创业的积极性，企业性质的设站单位投入博士后工作经费中，用于研发新技术、新产品、新工艺的，按照国家税收有关规定享受所得税税前加计扣除优惠。

2018年12月，贵州省人民政府印发《贵州省十大千亿级工业产业振兴行动方案》，深化改革创新。强化企业技术创新主体地位，进一步完善全省技术创新体系综合业务管理平台，鼓励企业建设技术中心、创新中心、产学研结合示范基地，引导企业在新产品、新技术、新工艺、新体系等方面进行创新，逐步提升企业市场竞争力。深化"放管服"与商事制度改革，统筹推进"证照分离""多证合一、一照一码"等改革，完善和强化"双随机、一公开"监管。

2019年3月，贵州省人民政府印发《关于推动创新创业高质量发展打造"双创"升级版的实施意见》，提出提升创新型企业引领带动能力，加大对专精特新中小企业的支持力度，鼓励中小企业参与关键共性技术研究开发，持续提升企业创新能力；实施大中小企业融通发展专项行动，健全企业家参与涉企创新创业政策制定评定机制。加快培育一批基于互联网的大企业创新创业平台、省级以上中小企业公共服务示范平台。推进省级小微企业创新创业示范基地建设，支持建设一批制造业"双创"技术转移中心和服务平台。

第二阶段：2020—2021年

2020年6月，贵州省服务业创新发展十大工程领导小组印发《贵州省科技研发创新发展工程专项行动方案》，要求加大独角兽企业、"隐形冠军"企业、专精特新"小巨人"企业培育力度，逐步扩大高新技术企业和科技型中小企业队伍，形成梯次创新型企业集群。加快引导企业在重点基础领域实施质量技术攻关、技术创新行动，破解制约制造业质量提升的关键共性技术瓶颈，着力打造一批高端化、智能化、生态化的"贵州制造"和"贵州制造"产品。贵州省知识产权局每年印发《贵州省知识产权高质量发展资助办法》，鼓励产学研结合，高校院所等创新主体将授权发明专利首次转让或许可给企业；参与知识产权证券化企业按照实际融资比例分享资助金额。对获得批准的国家知识产权示范企业、优势企业，分别给予一次性资助20万元、10万元。对经组织专家评审确定的贵州省知识产权优势企业、贵州省高价值核心专利，给予一次性资助20万元。

2021年6月，贵州省发展改革委等5部门印发《关于深入实施贵州省市场主体培育"四转"工程的若干政策措施》深入实施"个转企"工程、"企转规"工程、"规转股"工程、"股转上"工程和强化组织保障5个方面15条具体政策措施。8月，贵州省科技厅出台《关于发挥科技创新关键和中坚作用围绕"四新"主攻"四化"的实施方案》，强化企业在技术创新体系中的主体地位，通过开展"千企面对面"科技服务行动，推动技术、项目、人才、资金等要素向企业聚集；建立高新技术企业库，落实上规入统、上市培育措施，动态管理、分类指导、精准服务。加强与金融机构合作，建立科技金融服务企业重点项目库。实施规上企业研发机构扶持计划，支持建设重点实验室、技术创新中心等研发平台。支持行业骨干企业牵头组建体系化、任务型的创新联合体。开展独角兽企业"十年百企千人"培育行动。以"无偿资助+股权投资"方式，建立完善以直接融资为主的科技型企业成长机制。9月，贵州省地方金融监管局修订印发《贵州省上市挂牌后备企业资源库设立和管理办法》，按照"培育一批、股改一批、辅导一批、申报一批、上市挂牌一批"的基本思路，动态筛选符合国家产业政策、主营业务突出、竞争能力较强、具有发展潜力的重点企业，分层次、分梯队设立贵州省上市挂牌后备企业资源库，鼓励金融机构为入库企业提供个性化综合融资服务，依规执行优惠贷款利率。11月，贵州省科技创新领导小组印发《关于推进贵州省高新技术产业开发区高质量发展的实施方案》，提出加强企业主体培育建设，聚焦产业关键节点、大力培育聚集创新能力强的高新技术企业和科技型中小企业，要求全面落实研发费用加计扣除、高新技术企业所得税减免、技术合同登记税收减免等优惠政策，在细分行业领域培育一批龙头骨干企业，孵化一批科技型创业团队和初创企业，培育一批上市企业、高成长企业（瞪羚企业）、独角兽（后备）企业、专精特新企业，对内部研发投入强度超过5%且营业收入超过3亿元的科技型企业，按科创板方向抓好上市培育；支持高新区以龙头企业为主体，联合高校、科研院所及社会资本创办以市场化方式运营的新型研发机构。12月，贵州省人民政府办公厅印发《贵州省推进企业上市高质量发展三年行动方案》，对注册地在贵州省的企业，上市挂牌后切实发挥产业集群引领、科技创新引领等作用，有力推动地方经济社会高质量发展的，经评定后给予奖励。其中，境内主板上市的企业，奖励400万元；在创业板、科创板、北京证券交易所上市的企业，奖励350万元；对在新三板挂牌的企业，奖励50万元。

第三阶段：2022—2023年

2022年4月，贵州省工业和信息化厅、省财政厅、省发展改革委、省能源局、省大数据局印发《支持工业领域数字化转型的若干政策措施》，统筹专项资金，以及新型工业化、新动能产业发展基金，支持龙头企业打造智能工厂、灯塔工厂，支持中小企业普及应用数字技术，支持煤矿企业智能化改造，支持工业企业上云用云。省人民政府印发《贵州省培育壮大市场主体行动方案（2022—2025年）》，对大型骨干企业、规上企业、中小企业、高新技术企业、外向型企业等市场主体分类分级实施培育壮大行动，通过省应用技术研究与开发专项资金，对新认定和重新认定符合研发投入条件的高新技术企业给予奖励。6月，省科技厅发布《贵州省规上工业企业研发活动扶持计划行动方案》，以差异化方式鼓励企业加大产品研发投入，对研发投入总量大、增速快、占比高的规上工业企业给予后补助。

2023年2月，贵州省发展改革委、省委宣传部等10个部门和单位共同制定了《贵州省服务业创新发展十大工程省级龙头企业认定管理办法》，围绕服务业创新发展十大工程培育和壮大一批示范带动作用强的龙头企业，创建一批服务业优质品牌，围绕贵州省服务业产业规划和布局，每年遴选50家左右省级服务业龙头企业，给予每家50万元奖励；11月，省人民政府印发《关于推动县域经济高质量发展若干政策措施的实施意见》，推动县域企业上规纳统，对新增上规入库的规上工业企业、规上服务业企业、限额以上批零住餐企业，统筹省级相关专项资金按规定分别给予每户一次性奖励20万元、10万元、10万元。制定"四上"企业稳定在库奖励办法。12月，省财政厅、省工业和信息化厅印发《贵州省工业和信息化发展专项资金管理办法》，支持企业开展产业关键技术攻关和科技成果产业化，与国内一流高校和科研院所联合开展产业重大技术创新，重点支持拥有自主知识产权、整体水平或某项核心技术水平领先的新产品、新技术、新工艺开发，提升产业技术创新能力。省财政厅、省工业和信息化厅印发《贵州省中小企业发展专项资金管理办法》，支持"新技术、新产业、新模式、新业态"中小企业。支持中小企业加快数字化改造步伐，推动中小企业向数字化、网络化和智能化转型。着力构建优质中小企业梯度培育体系，引导中小企业走专业化、精细化、特色化、创新型发展之路。

综上所述，从政策出台数量看，3个阶段分别出台了4个、6个、7个政策，数据逐步递增。从政策内容看，第一阶段重点是加强企业知识产权保护、支持企业打造创新平台、聚集人才等；第二阶段重点是加强梯次科技型企业培育，并通过奖补的方式对上市企业、高新技术企业等进行奖补；第三阶段重点是支持企业发展壮大、开展技术攻关、科技成果转化、数字化转型等，并通过后补助等方式，激励企业开展创新活动。由此可见，政府支持企业的方式由单一的数量和规模逐步向提升企业质量和能力方面转变。

（二）空间演变

贵州省研发后补助政策是由点到面，由地方到省级层面展开。最早是2020年贵阳市对企业R&D经费投入进行了后补助，随后安顺市、黔东南州等地陆续开展了企业研发后补助，2022年从省级层面开始对企业进行研发奖补。

2020年5月7日，贵阳市人民政府出台《关于进一步加快科技创新推动经济高质量发展的若干措施》，提出引导企业加大研发投入，每年对纳入统计监测的企业的研究开发活动情况进行评估，以评估结果为参考，以年度企业可享受税前加计扣除的研发费用金额为基数，对评估结果为优秀的企业，1000万元及以下部分给予15%补助，1000万元以上部分给予10%补助，最高补助额度为500万元。对评估结果为良好的企业，1000万元及以下部分给予10%补助，1000万元以上部分给予5%补助，最高补助额度为300万元。对评估结果为一般的企业，1000万元及以下部分给予5%补助，1000万元以上部分给予2.5%补助，最高补助额度为100万元。2021年获奖补企业达到196家，资金超过1000万元。

2021年1月5日，六盘水市科技局出台《六盘水市2019年规上企业研发经费投入后补助办法》，根据企业2019年度研发经费投入额度，经核定后按0.4%给予资金补助，并对企业研发经费投入额度排前3位的企业分别按30万元、20万元、10万元给予补助。当年对93家规上企业进行了后补助，奖补资金为600万元。

2021年9月8日，安顺市人民政府制定出台了《安顺市R&D经费投入强度提升三年行动方案》，提出鼓励支持企业加大研发经费投入，以国家统计部门最终核定的研发经费支出额，作为企业研发经费投入后补助依据，市财政科技资金按年度企业实际研发经费投入给予一定的补助。同时，对规下企业上年度产生研发经费投入的，在申报市级科技计划项目时给予优先支持。

2022年11月26日，黔东南州人民政府办公室出台了《黔东南州企业研究与试验发展（R&D）经费投入奖励补助办法（试行）》，旨在激发创新主体活力，引导激励企业加大研发投入，增强企业自主创新能力，实现国家、省督查激励突破和市县推动高质量发展绩效评价指标提升的目标。奖补根据企业享受研发费用加计扣除政策的实际研发投入情况核定具体研发投入金额计算奖补额度，通过事前备案、事后补助的方式，由州科技局直接拨付奖补资金到企业，奖补资金分为研发奖补和科技型企业补助。其中，研发奖补采取分段超额累退比例法计算补助额度，企业年度研发投入超过10万（含）~100万元（含）的部分，按照2%予以奖补；超过100万~1000万元（含）的部分，按照1%予以奖补；超过1000万元的部分，按照0.5%予以奖补。科技型企业补助是当年被认定为高新技术企业（包括新认定和复审）的，在研发奖补的基础上，每家增加5万元奖补资金；当年评价入库为科技型中小企业的，每家增加5000元奖补资金。2023年奖补了52家企业，奖补资金为216.04万元。

2022年8月31日，贵州省科技厅在充分吸收市（州）开展企业研发后补助的经验后，制定出台了《贵州省规上工业企业研发活动扶持计划实施办法（试行）》（简称《办法》），对全省范围内的规上工业企业进行研发投入后补助，激励企业开展研发活动。

综上所述，贵州省企业研发后补助政策演进的历史过程表明：一是政策制定主体层级不断延伸。从政策供给层来看，主要体现为企业研发后补助组织形式的变迁，即统筹单位从地方有关部门上升至省级，扶贫对象从市辖区规上企业逐步延伸至全省所有规上工业企业，奖补的范围和深度不断增加。二是政策覆盖的深度不断拓展。创新政策呈现从"科技政策"单向推进向"科技政策"和"经济政策"协同转变，从"政府导向型"向"政府导向"和"市场调节"协同型转变，从单向政策向政策组合转变的发展趋势。

二、研发后补助政策介绍

（一）政策出台背景

（1）从贵州省自身发展看，研发经费投入增长进入瓶颈期，企业研发投入增长乏力，亟须采取更精准的措施。"十三五"期间，贵州省全社会研发经费投入年均增速达到21.0%，居全国第一，2016—2020年每年增长率分别为17.8%、30.6%、26.8%、19.0%、11.8%。因贵州省研发投入水平较低且在"十三五"时期加强研发投入的调度与统计等，"十三五"前3年增量释放大、速度加快，但在"十三五"期末，财政科技资金投入不足的短板开始显现，研发投入存量释放基本已无空间，增量呈现放缓趋势，2020—2022年规上工业企业R&D经费内部支出每年增长率（20.0%、14.9%、8.8%）

呈下降趋势；规上工业企业占全社会 R&D 经费的比重由 2016 年的 73.3% 下降至 2022 年的 66.1%，规上工业企业中有研发活动的企业占比自 2018 年以来首次出现下降，由 2021 年的 31.3% 下降至 25.4%。说明贵州省研发经费投入增长已经进入瓶颈期，企业研发投入创新意愿未能有效激发，亟须增加财政科技投入，完善政府研发投入的导向机制，采取更精准的措施，引导和刺激企业加大研发投入力度，进一步挖掘企业研发投入潜力，从而有效地建立起研发经费投入增长的正向循环机制。

（2）从外部发展环境看，贵州省面临外省赶超的威胁。2020 年贵州省研发经费投入排名居全国第 23 位，排在贵州省前 5 位（江西、云南、山西、黑龙江、广西）和后 5 位（内蒙古、吉林、甘肃、新疆、宁夏）的 10 个省份中，有 8 个省份均出台了研发经费投入财政奖补政策，按一定比例对符合条件企业的研发投入给予的事后补助资金，鼓励企业增加研发投入。在政策持续发力下，外省研发投入财政后补助政策的出台对贵州省研发经费投入增长形成倒逼态势，在"十四五"期间容易对贵州省形成赶超局面。

因此，为激励引导企业加大研发投入，强化政策叠加效应，双管齐下，全面调动企业创新的积极性，形成贵州省研发经费投入新的增长点，贵州省科技厅于 2022 年制定出台了《办法》，通过对全省规上工业企业进行研发投入后补助，促进企业围绕新产品有效开展研发活动，引导建立研发经费投入增长的正向循环机制。

（二）政策内容

《办法》聚焦补助对象、申报流报、研判依据、补助标准、资金安排等方面，制定了总则、奖补范围和方式、奖补标准、责任与监督管理、附则 5 个部分的内容。

（1）总则。包括 3 条内容。一是《办法》制定依据及实施目标；二是界定企业研发投入、企业研发投入奖补资金等相关内容；三是明确《办法》奖补资金实行总额控制，采取事后补助方式，给予分类奖补。《办法》明确"企业研发投入"是以全省 10 万元以上研发项目库为基础，参考企业享受研发经费加计扣除优惠的实际研发经费综合评判。"企业研发投入奖补资金"是从省财政专项资金中安排（不足部分由省应用技术研究与开发资金补充），对上一年度的企业研发经费投入给予后补助，支持企业开展研发活动的资金。同时明确奖补资金实行总额控制，由省科技厅和省财政厅根据上年度全省研发经费投入情况确定奖补资金总额。

（2）奖补范围和方式。包括 2 条内容。一是明确奖补对象必须满足的条件和要求；二是明确奖补方式。《办法》明确了奖补对象为贵州省内注册的规上工业企业，具有独立法人资格、健全的财务管理机构和财务管理制度，诚信经营、依法纳税的。企业无财政资金使用违纪、违规、违法行为，近 3 年未发生较大及以上安全事故或者违法失信行为的。同时，为便于对企业研究开发活动开展情况、奖补资金管理使用情况进行监督检查、绩效评价,提高财政资金的使用效率,《办法》规定省级财政奖补资金由省科技厅直接拨付到企业。

(3)奖补标准。包括3条内容。一是按照"分类施策、综合扶持"的原则,对企业按有研发活动和无研发活动两类进行奖补;二是贵州省科技厅按照奖补标准确定奖补金额,按程序给予奖补;三是综合施策鼓励规上工业企业研发活动。《办法》对有研发活动的规上工业企业和无研发活动的规上工业企业进行分类界定,并按不同类别分别制定梯次奖补标准;同时通过平台和项目扶持等方式综合施策鼓励规上工业企业开展研发活动。

(4)责任与监督管理。包括4条内容。一是加强创新主体培育引进、创新工作思路、加强部门联动,依法依规开展工作;二是明确奖补资金的用途;三是建立监督检查和绩效评价机制;四是对获奖企业进行表彰。《办法》要求加强主体培育引进、创新工作思路、加强部门联动做到激励创新政策和研发经费统计服务全覆盖,建立监督检查和绩效评价机制。获奖补、扶持的企业应严格执行《贵州省应用技术研究与开发资金管理暂行办法》等制度开展研发活动,自觉接受审计、财政、监察等部门的监督检查。

(5)附则。包括2条内容。一是明确《办法》由贵州省科技厅负责解释;二是明确《办法》执行时间。

三、研发后补助机制建设情况

(一)总体情况

政府对企业的研发资助既可能产生激励效应,也可能产生替代效应,为避免后一结果,在信息不对称下,贵州省通过设计适当的企业研发补助机制,解决政策设计面临的信息成本和激励相容问题。

(1)企业研发项目管理机制。要激励企业开展研发活动,首先必须掌握企业研发活动信息。为摸清企业研发活动底数,研判企业研发投入额度,引导企业规范研发活动,贵州省自2022年开始建设企业研发项目库,作为全省企业承担研发项目的统一服务和管理平台。

①建立研发项目管理制度。一是基础管理制度初步建成。编制《研究与试验发展项目代码管理规范》,作为入库后的研发项目管理标准,实现研发项目入库编码统一规范管理。将填报研发项目库纳入《贵州省科技创新发展统计报表制度》,作为研发项目库依法统计的依据,实现与研发经费统计系统的相衔接。开发贵州省研发项目库直报系统,作为填报、管理研发项目的平台,并建立省、市、县协同推进的审核机制。二是服务调度机制基本形成。建立健全全省重点企业服务工作台账,结合贵州省年度

R&D 经费统计、企业研发经费税务加计扣除、高新技术企业认定等工作，形成省、市、县三级服务体系，加强省市县协同合力。定期组织专家对重点企业进行走访调研，开展"一对一"精准辅导宣传，滚动形成服务企业名录库。根据各地区需求，通过线上调度线下培训等多种方式，及时、高效推进各市（州）企业的研发项目能够应统尽统（图6-1）。

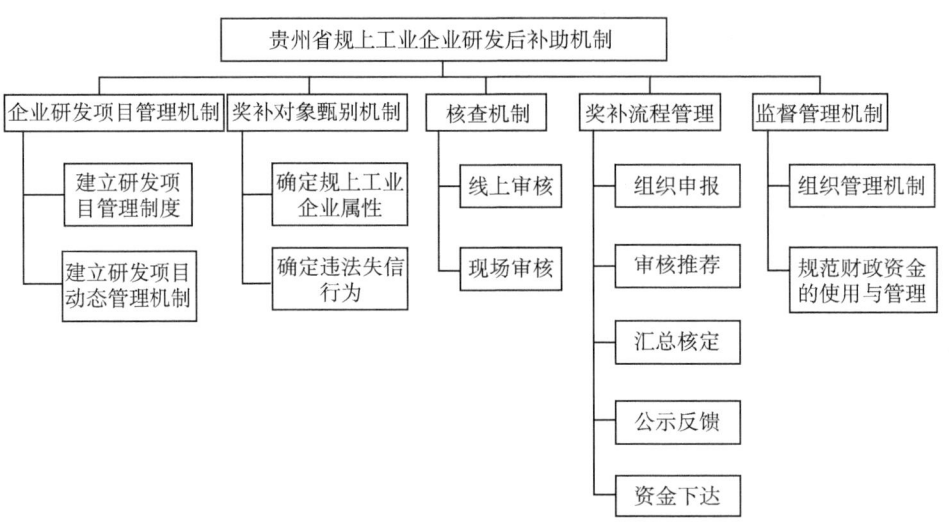

图6-1 贵州省规上工业企业研发补助机制建设情况

②建立研发项目动态管理机制。一是研发项目入库管理。企业获得的财政科技计划项目、自立项目均可按要求进行项目库申报。申报时需在系统中填报项目申报表，主要内容包括项目的基本信息、项目申报依据、主要研究内容、研发经费支出情况、项目绩效目标等，并上传相应的佐证材料。省科技厅对申报的研发项目进行逐项审核，评审通过后进入研发项目库，实行统一管理。已入库项目企业可根据实际情况，不定时补充和调整材料。二是入库项目编码管理。根据研究与试验发展调查实施标准《弗拉斯卡蒂手册：研究与试验发展调查实施标准（第6版）》及国家统计局《研究与试验发展（R&D）投入统计规范（试行）》等标准，采用"调研—编制—评测"的循环过程，制定了全省甚至在全国范围内可推广、可适用的企业研发项目代码，有效识别每一个研发项目，提升研发项目的信息归集、数据交换效率，指导研发项目管理工作。项目代码由21位阿拉伯数字及英文字母组成。第1~9位为项目类别，第10~13位为立项年份，第14~18位为该年份的序列号，第19~20位为支出方式，第21位为校验码。每段代码之间由短横线"-"连接，结构如图6-2所示。

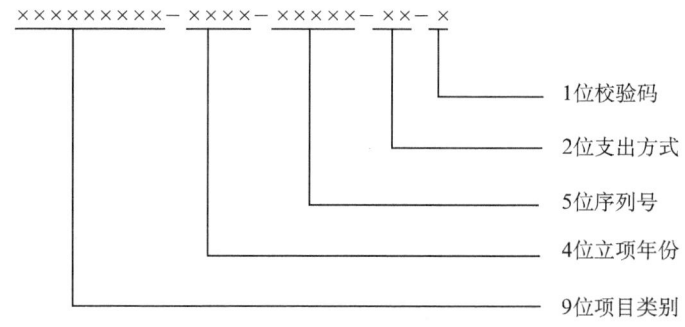

图 6-2　研发项目编码示例

项目代码生成后，统一生成项目代码标识，作为项目代码的传递载体。项目代码标识是一幅固定格式的图片，可通过项目代码标识二维码查询项目名称、项目代码、项目状态等项目信息。三是研发项目出库管理。项目到期完成验收以后，按规定组织项目出库。出库后的研发项目不作为奖补的依据。

根据直报系统数据显示，截至 2023 年第三季度，全省研发项目库累计填报企业 3232 家，其中，规上工业企业有 1428 家，登记研发项目 12 029 项，终审通过项目 9562 项。从经费支出来看，实际经费支出共计 340.78 亿元，其中，内部经费支出 321 亿元；从预期经济效益来看，到 2025 年预计新产品销售收入累计达到 3848.35 亿元，2022—2025 年分别为 607.68 亿元、874.28 亿元、1160.09 亿元、1206.30 亿元。

从区域分布来看，入库企业数超过 300 家的有 2 个市（州），100~300 家的有 4 个、100 家以下的有 3 个。填报的研发项目数超过 1000 项的有 2 个市（州），500~1000 项的有 5 个、500 项以下的有 2 个。入库数和项目数排名前 3 位的市（州）均为贵阳市、遵义市、黔南州，其中贵阳市入库企业 318 家、入库项目 2957 项，遵义市入库企业 305 家、入库项目 1875 项，黔南州入库企业 187 家、入库项目 1077 项；黔西南州入库企业数和项目数最少，仅为贵阳市的 14.47% 和 9.13%。研发项目实际经费支出超过 100 亿元的只有 1 个市（州），40 亿~100 亿元的为 0 个，20 亿~40 亿元的有 4 个，20 亿元以下的有 4 个；排名前三的市（州）是贵阳市、遵义市、六盘水市，三者总和占全省研发项目实际经费支出的比重为 76.13%；毕节市最少，其研发项目实际经费支出仅为贵阳市的 3.48%。研发项目实际经费内部支出超过 100 亿元的只有 1 个市（州），40 亿~100 亿元的为 0 个，20 亿~40 亿元的有 4 个，20 亿元以下的有 4 个；排名前三的市（州）是贵阳市、遵义市、六盘水市，三者总和占全省研发项目实际经费内部支出的比重为 75.83%；毕节市最少，其研发项目实际经费内部支出仅为贵阳市的 3.32%。新产品销售收入超过 1000 亿元的有 2 个市（州），500 亿~1000 亿元的有 1 个，100 亿~500 亿元的有 5 个，100 亿元以下有 1 个；排名前三的市（州）是贵阳市、六盘水市、遵义市，三者总和占全省研发项目新产品销售收入的比重为 73.48%；毕节市最少，其新产品销售收入仅为贵阳市的2.28%（表6-1）。

表6-1 贵州省研发项目库填报区域分布情况

市州	入库企业数/家	项目数/项	实际经费支出/亿元	内部支出/亿元	外拨或外部支出/亿元	新产品销售收入/亿元
贵阳市	318	2957	194.03	179.22	14.80	1266.23
遵义市	305	1875	39.06	37.90	1.16	554.98
黔南州	187	1077	21.04	20.22	0.82	159.34
安顺市	142	775	10.89	10.21	0.67	139.22
黔东南州	138	792	9.22	9.16	0.05	157.68
铜仁市	136	669	21.95	21.64	0.31	213.16
六盘水市	99	771	26.35	26.29	0.07	1006.43
毕节市	57	376	6.75	5.95	0.81	28.81
黔西南州	46	270	11.49	10.41	1.08	322.50

从行业分布来看，将4560个研发项目[①]按全省十大领域进行分类。入库项目数超过1000项的行业仅有1个，500~1000项的行业有2个，100~500项的行业有7个，100项以下的行业有1个；排名前三的行业领域分别为先进装备与制造、其他、基础材料，其中先进装备与制造入库项目1039项、其他入库项目877项、基础材料入库项目696项；入库项目数最少的行业是清洁高效电力，仅占先进装备与制造的5%。研发项目实际经费支出超过100亿元的行业仅有1个，50亿~100亿元的行业为0，10亿~50亿元的行业有4个，10亿元以下的行业有6个；排名前三的领域分别是先进装备与制造、基础材料、其他，三者总和占全省研发项目实际经费支出的比重为55.8%；研发项目实际经费支出最少的行业是清洁高效电力，仅占先进装备与制造的0.54%。研发项目实际经费内部支出超过100亿元的行业仅有1个，50亿~100亿元的行业为0，10亿~50亿元的行业有3个，10亿元以下的行业有7个；排名前三的领域分别是先进装备与制造、基础材料、其他，三者总和占全省研发项目实际经费内部支出的比重为58.7%；研发项目实际经费内部支出最少的行业是清洁高效电力，仅占先进装备与制造的0.47%。新产品销售收入超过1000亿元的行业仅有1个，500亿~1000亿元的行业有1个，100亿~500亿元的行业有4个，100亿元以下的行业有5个；排名前三的领域分别是基础材料、先进装备制造、其他，三者总和占全省研发项目新产品销售

---

① 4560个项目填报了领域分类，5002个项目未填报，暂无法分类。

收入的比重为 72.7%；新产品销售收入最少的行业是清洁高效电力，仅占基础材料的 0.05%（表 6-2）。

表 6-2 贵州省研发项目库填报行业领域分布情况

行业领域	入库项目数/项	实际经费支出/亿元	内部支出/亿元	外拨或外部支出/亿元	新产品销售收入/亿元
先进装备与制造	1039	127.74	127.22	0.51	836.96
其他	877	24.31	23.62	0.68	428.27
基础材料	696	37.94	37.55	0.39	1531.82
健康医药	375	9.64	8.45	1.19	300.67
现代化工	340	12.72	12.49	0.23	152.81
新型建材	292	4.78	4.77	0.01	345.74
基础能源	289	11.49	9.76	1.73	24.39
大数据电子信息	256	4.28	4.18	0.10	59.52
生态特色食品	236	2.80	2.72	0.08	46.73
优质烟酒	108	2.20	2.18	0.02	8.35
清洁高效电力	52	0.69	0.60	0.09	0.80

（2）奖补对象甄别机制。补贴对象的错配是形成企业研发补贴替代效应的重要原因。建立甄别机制，有效识别补贴对象，可以确定合理的范围，发挥补贴资金的最大效用。根据《办法》中明确的奖补对象条件，对申报奖补的企业按以下方式进行甄别。一方面，确定规上工业企业属性。对线上企业根据省统计局提供的年度规上工业企业清单判断是否属于本年度在库的规上企业，即年营业收入在 2000 万元及以上的企业。对线下企业根据报送的企业基本信息判断企业属性，如根据行业代码判断是否属于工业企业，即属于采矿业、制造业、电力、热力、燃气及水生产和供应业的企业法人单位企业。对更名企业，根据企业申报信息进行重点筛查。对集团公司根据企业申报信息进行重点筛查。另一方面，确定违法失信行为。根据天眼查、企查查等网站信息对企业违法失信行为进行初筛，同时向贵州省财政厅、省工业和信息化厅、省市场监督管理局、省统计局、省应急管理局、法院等部门征求意见，了解企业是否存在财政资金使用违纪、违规、违法行为，近 3 年是否发生较大及以上安全事故或者违法失信行为。

（3）核查机制。对企业研发项目及经费投入采取分级审核的机制，市（州）科技管理部门开展形式审核及推荐，贵州省科技厅对是否属于研发项目做出判断，市（州）

科技管理部门组织专家以财务系统中项目经费单独核算与开支情况作为依据,对企业研发活动进行现场核实。

①线上审核。一是审核人员。由贵州省科技情报所和省科技信息中心共同开展,参与网上审核工作的人员实行专人专账号,系统自动对审核情况进行记录。二是审核内容。包括审核企业的信息是否基本符合要求,初步判断企业提交的项目是否属于研发项目,审核企业提交的相关支撑材料是否基本符合要求。三是具体分工。贵州省科技情报所和省科技信息中心采取交叉审核的方式进行,即由一方初审,一方终审。四是审核流程。贵州省科技情报所管理员在系统中将市(州)"已推荐待审核"的研发项目按照平分原则,分配给省科技情报所和省科技信息中心总账户→各单位总账户管理员根据本单位实际审核人员对初审项目进行分配→审核人员开展研发项目初审→初审通过的项目自动跳转到对方单位总账户→各单位总账户管理员根据本单位实际审核人员对终审项目进行分配→审核人员开展研发项目终审。

研发项目审核管理流程,如图6-3所示。

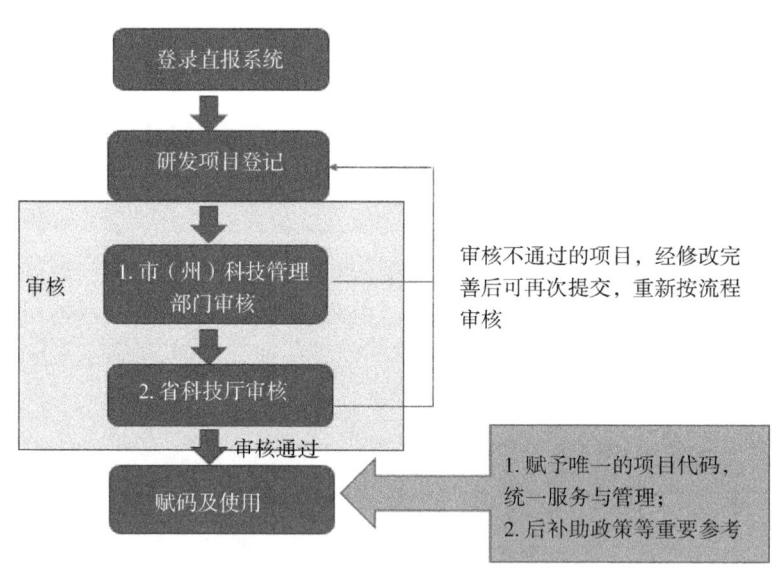

图6-3 研发项目审核管理流程

②现场核查。一是核实人员。各市(州)科技管理部门、技术专家和财务专家组成工作组,对申报研发奖补资金的企业进行现场核实,省科技厅组成指导组,对重点企业核查工作进行指导。专家必须做出"否"或"是"的判断,不能出现无法判断的结论及缺项,并现场填写《2023年申报规上工业企业研发活动奖补资金现场核实情况表》。二是核实方式。通过"一对一"方式,综合采取实地查看、座谈交流、资料查阅等方式开展核实工作。三是核实内容。核实企业每一个项目的立项证明、研发过程、

验收材料（在研项目除外）等相关资料的真实性及研发费用归集的准确性。具体包括立项证明材料（立项文件、立项申请报告、公司立项会议纪要等）、研发过程证明资料（研发活动小结、研发阶段性报告、专家咨询意见、研发人员签到册、研发会议照片、研发会议记录等）、项目验收证明资料（验收文件、研究报告、新样机、新装置、专利文件等；研发场地、仪器设备、研发人员等情况）。

（4）奖补流程管理。为加强研发奖补流程管理，贵州省科技厅制定了年度《规模以上工业企业研发活动扶持计划工作指引》，对奖补的组织申报、审核推荐、数据汇总核定、公示反馈及资金下达做出详细规定。一是组织申报。省科技厅发布年度申报通知，明确相关要求、具体流程等。市（州）科技管理部门组织企业进行自主申报。企业在申报平台自主申报并上传企业承诺书。二是审核推荐。市（州）科技管理部门对企业申报情况进行审核，并组织专家以财务系统中项目经费单独核算与开支情况作为依据进行现场核实。核实结果提交省科技厅。三是数据汇总核定。贵州省科技厅、省税务局组织省科技情报所、省科技信息中心对各市（州）提交的企业数据进行比对汇总，采取"交叉式"模式完成企业申报项目的初审、终审工作。四是公示反馈。省科技厅向社会公示激励企业名单，将获定向省级科技重大专项、省级科技计划项目激励的企业，按属地反馈给市（州）科技管理部门。五是资金下达。公示无异议后，省科技厅按程序将激励资金直接拨付到企业，市（州）科技管理部门负责资金使用的监管。市（州）科技管理部门组织定向安排重大专项、省级科技计划项目的企业，聚焦新产品凝练研发项目，组织项目论证及任务书签署。省科技厅为研发任务赋予省级科技计划项目合同号，纳入省级科技计划项目管理，按程序将项目资金直接拨付到企业。为引导更多的规上工业企业开展研发活动，针对从未开展过研发活动的规上工业企业进行扶持，由各市（州）科技管理部门遴选、排序、推荐，经省科技厅审核通过后，赋予省级科技计划项目合同号，并根据任务书进行资金拨付。

（5）监督管理机制。为保证奖补资金用于支持企业进行研发、成果转化、创新平台建设等科技创新相关活动，严格执行《贵州省应用技术研究与开发资金管理暂行办法》等财务规章制度和会计核算方法，贵州省建立了相应的监督管理机制，以威慑受资助企业的机会主义行为，从而保证研发补助具有较高的边际效益。

①组织管理机制。一是不断加强部门联动。强化与财政、工业和信息化、国资、税务、统计等部门联动，做好与培育壮大市场主体行动、专精特新企业培育等工作的协同配合，做到数据融通共享、政策叠加支持，共同支持企业开展研发活动。二是加强责任分工。贵州省科技厅负责统筹全省规上工业企业研发活动扶持计划全面工作及工作经费保障。市（州）科技管理部门负责组织本地区规上工业企业申报研发奖补及扶持资金，审核并推荐奖补企业，组织专家开展现场核实工作，组织奖补及扶持企业的项目凝练、评审、检查、验收、综合绩效评价等日常管理工作，负责研发活动指导

及填报研发项目、核实研发活动真实性。省科技情报所、省科技信息中心负责对申报项目初审、终审开展交叉审核,业务咨询及场核实指导工作;省科技评估中心参加现场核实指导工作。

②规范财政资金的使用与管理。一是要求企业将财政奖补资金纳入下一年度研发活动中,用于新产品研发,并建立专账管理,规范财政资金的使用,确保资金的使用符合国家相关法规政策对科研经费的管理要求。二是与企业签订研发项目合同,要求企业根据创新需求,制订明确的研发计划,确保充分合理地利用好政府财政资金。三是省科技评估中心不定期对获奖补企业的资金使用绩效进行抽查与评估,确保财政补助资金真正起到促进企业研发活动的作用,也督促企业运用好财政奖补资金。

充分发挥市县科技部门对辖区内企业底数清的优势,形成"一企一策"个性化诊断服务,加大对研发投入归集不规范、无研发活动、新上规企业、具备上规潜力的高新技术企业等的"一对一"精准辅导,各地科技管理部门建立工作台账,帮助企业开展研发活动。

(二)存在问题

(1)企业研发项目规范管理难度较大。尽管贵州省建立了企业研发项目库,加强企业研发活动管理,但企业填报的信息与标准化、规范化管理存在一定差距。一是研发项目填报底数不清。从目前填报情况来看,研发项目存在管理条块分割、项目重复立项、资源配置碎片化等问题,国家、省、市、县各级各部门立项的财政资金项目,以及创新主体非财政资金项目设置分散、重复研究及缺位研究等现象交织存在。二是填报主体覆盖率不高。从目前入库企业数据来看,涵盖了规上工业企业和高新技术企业等开展研发活动的企业,但从填报来看,2010家高新技术企业(2022年数据)有1022家未填报,2021年规上工业企业中有研发活动的企业数为1591家,入库的5216家规上工业企业(2022年数据)仅有925家企业填报。三是项目填报质量不高。登记项目20 941项,审核通过项目11 111项,仅占53.06%,有近一半的项目未通过审核。大部分企业研发费用未单独建账、未独立核算,部分企业建账后项目分类不规范、管理不合理,导致企业填报研发项目库时,能够提供的相关支撑材料较少。同时企业在填报过程中存在理解偏差,导致漏填、误填等诸多现象,影响了研发项目质量。四是预期效益无法评估。研发项目对于创新需求的响应不足,达到预期技术指标的情况较少,对于关键核心因素的识别能力不足,难以产生预期效果。研发项目形成的产出及预期经济效益无法准确衡量,无法有效识别科技创新活动带来的经济新动能。

(2)精准研判企业研发投入存在难度。根据《办法》,企业研发投入根据研发项目库和税务加计扣除数据综合研判得出,但在实际执行过程中,一是准确判断企业在研发项目库填报的研发投入存在一定困难。由于部分有研发活动的企业没有对研发项目立项、实施到验收全过程未进行规范管理，导致证明研发活动的相关资料不齐全，部分企业会计账上未按申报研发项目设置"研究开发费用"科目进行单独核算、未将研发支出设为一级科目，研发费用归类不规范，财务账目混乱，无法精准判断企业的研发投入。二是税务加计扣除数据采取事前申报、事后核实的方式，部分企业先进行了申报，后又进行了修改或撤销，数据不稳定给精准判断企业研发投入带来一定困难。三是专家现场核实企业研发投入的宽严标准不一，有的比较严格、有的相对宽松，判断结果也存在一定差异。

（3）获奖补的企业范围受限。贵州省奖补企业只针对规上工业企业，且奖补数量仅有250家，2023年虽然通过扶持企业的方式补充了564家企业，但是政策普惠性仍然存在局限。一是奖补政策对中小微企业的支持力度较小。根据《办法》，对排名前250名的企业进行奖补，一些具有一定创新能力的科技型中小企业研发资金来源渠道有限、投入能力不足，无法享受奖补政策。与大型企业相比，中小微企业具有更加迫切的创新需求和更加活跃的创新意识。二是获奖补的企业数量较少。2022年贵州省获奖补的企业有250家，相比贵州省5216家规上工业企业，仅占4.8%。三是受奖补对象不涉及无研发投入的企业，而贵州省设备制造、医药制造、化学品制造、金属冶炼、煤炭开采、电力生产等行业企业体量大、有研发的潜力，也应出台相应的激励措施，推动无研发投入但有研发潜力的企业开展研发活动。

（4）奖补流程设计不合理。《办法》对实施奖补的流程未做出明确规定，在实际执行中，存在工作不畅的情况。例如，《办法》规定企业无财政资金使用违纪、违规、违法行为，近3年未发生较大及以上安全事故或者违法失信行为，在实际执行中，未提前筛查企业是否满足这项条件，而是在确定了奖补企业名单后再核实企业是否存在违法失信行为，最终导致获奖补企业未达到规定的250家。

（5）管理机制不健全。虽然贵州省制定了详细的奖补流程，并做出明确的责任分工，但在执行中由于时间紧、任务重，暴露出管理机制存在诸多不完善的地方。一是省科技厅与市（州）科技管理部门分工不明确，部分环节存在缺位、重复的现象。例如，在开展企业研发投入现场核实时，2022年由省科技厅组织专家、工作组开展现场核实，工作量大、耗时费力。2023年由市（州）科技管理部门组织专家及工作人员开展现场核实，省科技厅组织指导组进行指导，但后期出现了责任推诿等情况。二是科技部门管理服务意识不强，各级科技管理部门对研发费用加计扣除、研发补助等优惠政策、高新技术企业培育等体系化宣传解读和培训辅导不够，尚未形成研发经费统计、研发项目统计和税务加计扣除登记协同推进的工作机制，缺乏统一与行之有效的研发项目管理标准及服务平台，研发项目的监督管理与服务比较薄弱。

四、研发后补助规模与结构分析

2022年对226家规上工业企业进行了奖补,奖补总金额为25 950万元。根据研发项目库数据,这226家企业共填报2486个研发项目,研发经费支出76.89亿元(其中,2021年研发经费内部支出41.86亿元),2022—2025年预计实现新产品销售收入1246.78亿元、新增利税总额169.71亿元,其中2022年新产品销售收入339.35亿元、新增利税总额46.74亿元。

2023年对801家规上工业企业进行了奖补,奖补总金额为30 310万元。根据研发项目库数据,奖补的237家企业,2022年研发经费支出达到61.57亿元,2023—2025年预计实现新产品销售收入1159.66亿元、新增利税总额168.33亿元,其中2023年新产品销售收入311.49亿元、新增利税总额48.94亿元。其余564家企业是2022年之前未开展过研发活动的规上工业企业。

(一)分区域奖补情况

由表6-3可见,2022年获奖补的企业数超过50家的仅有1个市(州),30(含30家)~50家的有2个,10~30家的有5个,10家以下的有1个;而2023年获奖补的企业数超过100家的有3个市(州),70~100家的有3个,50~70家的有3个。2022年获奖补的金额超过5000万元的仅有1个市(州),2000万~5000万元的有5个,1000万~2000万元的有3个;而2023年获奖补的金额超过5000万元的有2个市(州),2000万~5000万元的有5个,1000万~2000万元的有2个。

2022年、2023年获奖补的企业数和金额排名均居前3位的是贵阳市、遵义市、六盘水市。2022年这3个地区获奖补企业数、金额占比分别为59.3%、57.3%,2023年为52.4%、55.6%,均超过了一半。

表6-3 2022年、2023年各市(州)获奖补情况

市(州)	2022年		2023年	
	企业数/家	金额/万元	企业数/家	金额/万元
贵阳市	69	7440	157	7480
六盘水市	16	2160	75	4030
遵义市	35	4460	122	6250
安顺市	16	1510	78	2000
毕节市	13	1250	53	1340
铜仁市	15	2690	71	2480
黔西南州	8	1130	52	1410

续表

市（州）	2022年		2023年	
	企业数/家	金额/万元	企业数/家	金额/万元
黔东南州	24	2330	52	2190
黔南州	30	2980	141	3130
合计	226	25 950	801	30 310

2023年与2022年相比，获奖补企业数增长最快的是黔西南州，增加了5.5倍，其次是安顺市和铜仁市，分别增加了3.88倍和3.73倍；获奖补金额增长最快的是六盘水市，增长了86.57%，其次是遵义市和安顺市，分别增长了40.13%和32.45%。值得一提的是，贵阳市体量大但增幅较小，提升难度较大，企业数和金额分别较上年增长了1.28倍和0.54%，而安顺市、六盘水市等增长潜力较大。

（二）分领域奖补情况

从行业领域来看，2022年获奖补企业数超过50家的行业是基础材料领域，20～50家的是现代化工、生态食品，10～20家的有6个行业，可见大部分企业行业分布比较均匀，仅有先进装备与制造低于10家。由图6-4可见，获奖补企业数和金额排名均居前3位的行业是基础材料、生态食品、现代化工，这3个行业获奖补企业数占比、金额占比分别为59.4%、57.3%；获奖补最少的行业是先进装备与制造，有6家企业获得600万元的奖补，金额仅占基础材料的8.05%。

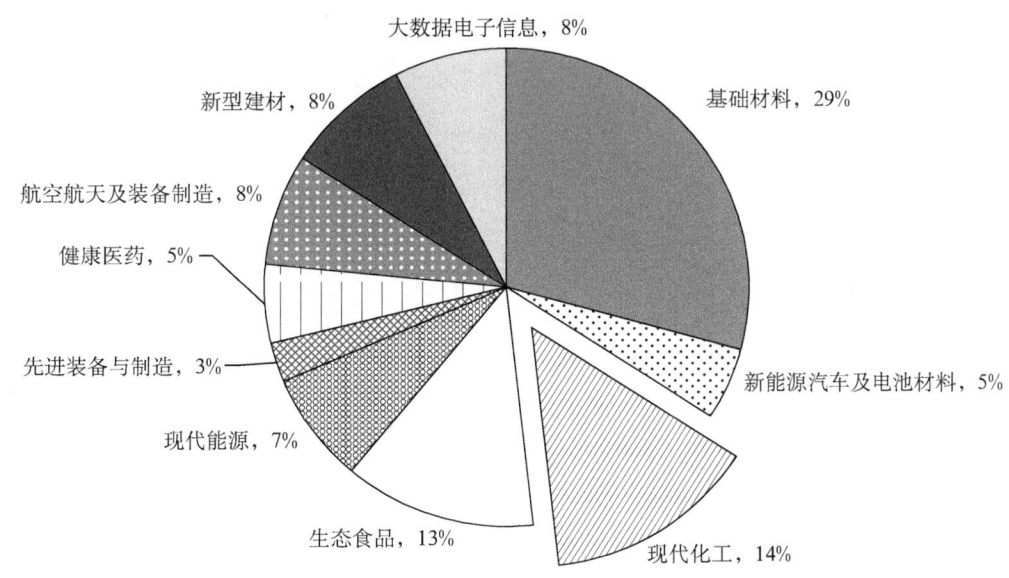

图6-4 2022年贵州省获奖补企业产业分布情况

2023年获奖补企业超过150家的行业是基础材料、生态食品领域，100～150家的是现代化工、先进装备与制造，50～100家的仅有现代能源领域，新能源汽车及电池材料、新型建材、健康医药、大数据电子信息等领域的获奖补企业均低于50家，可见2023年获奖补企业行业分布差异性加大。由图6-5可见，获奖补金额排名均居前3位的行业是基础材料、生态食品、现代化工，这3个行业获奖补企业数占比、金额占比分别为44.8%、55.5%，值得一提的是，新能源汽车及电池材料领域获奖补的企业虽然不多，但奖补金额较大；获奖补金额最少的行业是大数据电子信息领域，仅占基础材料的6.17%。

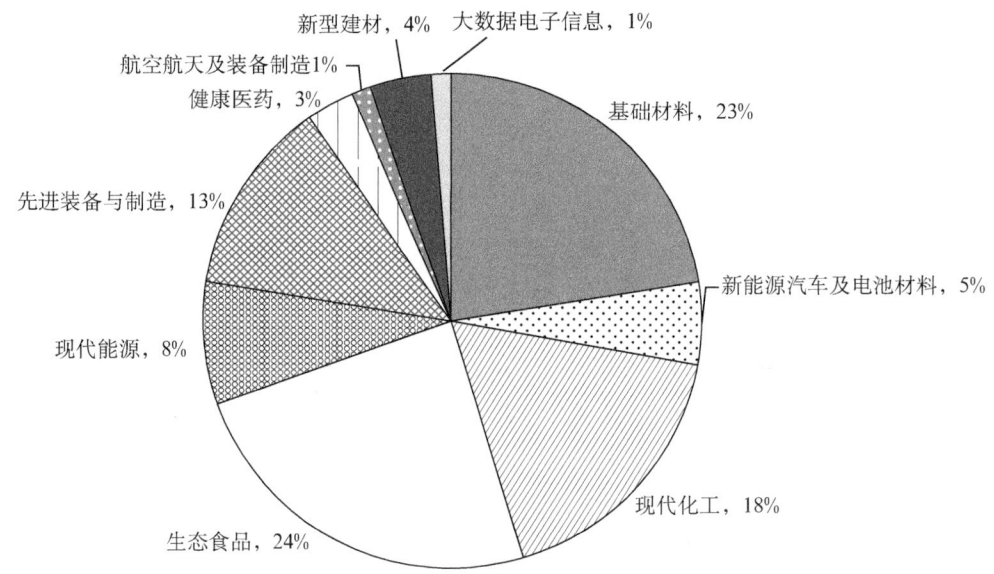

图6-5 2023年贵州省获奖补企业产业分布情况

2023年与2022年相比，获奖补企业数增长最快的行业是生态食品领域，增加了6.7倍，其次是基础材料和现代化工领域，分别增加了4.3倍和2.7倍；获奖补金额增长最快的是先进装备与制造，增长了5.38倍，其次是新能源汽车及电池材料和现代能源，分别增长了1.9倍和1.6倍。值得一提的是，基础材料领域体量大但增幅较小，提升难度较大，金额较上年增长了0.93倍，而新能源汽车及电池材料、先进装备与制造等领域增长潜力较大。

第七章　贵州省研发后补助政策创新效应分析

一、定性分析

（一）研发投入强度创历史新高，但规上企业研发投入下降

根据《贵州省2022年研究与试验发展（R&D）经费投入统计公报》数据显示，贵州省2022年的R&D经费投入达到了199.3亿元，比上年增加19.0亿元，增长10.5%，保持持续稳定增长；R&D经费投入强度达到0.99%，同比提升0.06个百分点，取得"十四五"以来最大增幅。从活动类型来看，全省基础研究经费18.3亿元，同比增长15.6%；应用研究经费26.2亿元，同比增长2.7%；试验发展经费154.8亿元，同比增长11.4%；基础研究经费所占比重为9.2%，比上年提升0.4个百分点。从活动主体来看，各类企业R&D经费154.9亿元，同比增长9.0%；政府属研究机构经费15.5亿元，同比增长7.8%；高等学校经费25.3亿元，同比增长24.2%；其他主体经费3.6亿元，同比增长3.5%。从产业部门来看，高技术制造业R&D经费47.4亿元，投入强度为3.13%；在规上工业企业中，制造业、采矿业经费投入强度分别为1.49%和1.06%。

但规上工业企业研发经费投入却呈下降趋势。2022年贵州省规上工业企业R&D经费内部支出增长率较上年下降6.1个百分点，占全社会R&D经费的比重由2021年的67.1%下降至2022年的66.1%，规上工业企业中有研发活动的企业占比由2021年的31.3%下降至2022年的25.4%，减少了5.9个百分点。

（二）获奖补项目预期成效好，但现场抽查问题较多

2022年获奖补的226家企业共填报了2486个研发项目，研发经费支出76.89亿元（其中2021年研发经费内部支出41.86亿元），预计在2022—2025年实现新产品销售收入1246.78亿元、新增利税总额169.71亿元，其中2022年新产品销售收入339.35亿元、新增利税总额46.74亿元；2023年奖补的237家企业，2022年研发经费支出达到61.57亿元，预计2023—2025年累计实现新产品销售收入1159.66亿元、新增利税总额168.33亿元，其中2023年新产品销售收入311.49亿元、新增利税总额48.94亿元。

但2023年贵州省科技厅抽取了24家获2022年度研发活动扶持计划后补助的规上工业企业开展了现场监督评估，发现企业在奖补资金的使用方面存在诸多问题：一是

补助经费存在风险。未严格按照企业研发活动后补助经费合同书开展相关科研活动，甚至部分企业奖补合同约定的研发项目未执行，且已不具备继续实施条件，专项经费和自筹经费均未单独核算；二是专项经费及自筹经费未按规定单独核算，部分企业不能提供专项经费或自筹经费相应的支撑材料，无法判断专项经费的实际使用情况；三是专项经费使用不规范，部分企业将研发经费后补助资金简单理解为政府奖补资金，未将后补助资金用于研发、成果转化、创新平台建设等科技创新相关活动；四是后补助经费无依据转拨。部分企业直接以研发费用的形式转拨给公司的研发部门，未按照研发经费后补助合同书约定将后补助经费用于约定的自立项目；五是合同书约定的自立项目不规范。部分企业认为资金来源是研发经费后补助，因此，将企业已结题验收的研发项目约定在合同书中，导致后补助经费未真正用于合同书约定的自立项目。

（三）获奖补企业范围较广，但区域受惠不平衡问题比较突出

根据《办法》规定，奖补对象为贵州省注册的有健全财务制度、无违法失信行为的规上工业企业。从获奖补企业分布来看，获奖企业覆盖了9个市（州）、十大工业领域；从企业研发投入来看，有年研发经费投入过亿元的大企业，也有年研发经费投入不到100万元的中小企业；从企业性质来看，有国资委监管的国有企业，也有民营企业。可见，获奖补企业涉及范围较广泛。

从获奖补企业地区分布来看，2022年贵阳市获奖补的企业数最多，达到69家，占比为30.53%。而获奖补最少的地区是黔西南州，有8家企业，仅占贵阳市的11.59%；2023年差距进一步拉大，贵阳市获奖补企业数最多，达到157家，占比为19.6%。而获奖补最少的地区是黔西南州和黔东南州，均为52家企业，仅占贵阳市的33.12%。从获奖补资金来看，2022年获奖补资金最多的贵阳市是获奖补资金最少的毕节市的6.58倍，2023年获奖补资金最少的是毕节市，仅占贵阳市的17.91%。

（四）建立上下联动的工作机制，但部门协同有待强化

在开展奖补工作中，贵州省建立了省、市、县上下联动、共同协作的工作机制，充分发挥了基层科技管理部门力量。省科技厅负责统筹全省规上工业企业研发活动扶持计划全面工作及工作经费保障；市（州）科技管理部门负责组织本地区规上工业企业申报研发奖补及扶持资金，审核并推荐奖补企业，组织专家开展现场核实工作，组织奖补及扶持企业的项目凝练、评审、检查、验收、综合绩效评价等日常管理工作，负责研发活动指导及填报研发项目、核实研发活动真实性；省科技情报所、省科技信息中心负责对申报项目初审、终审开展交叉审核，业务咨询及现场核实指导工作；省科技评估中心参加现场核实指导工作。

但开展研发奖补最核心的问题是核实清楚企业研发经费投入，由于部分企业会计账上未按照研发项目单独核算、未将研发支出设为一级科目，给专家进行准确判断带

来一定困难，这就需要建立科技、统计、税务之间的协同机制。但省直部门之间仍然存在数据壁垒，信息无法实现充分共享。在开展现场核实工作时，省、市、县三级配合机制不完善，导致各市（州）核实方式、标准等缺乏一致性，在一定程度上影响了奖补的公平性。同时，规上工业企业研发奖补政策宣贯工作力度不大，部分企业对政策的理解不足，从而影响了政策的执行效果。

二、定量评价

（一）常用评价方法介绍

政策评估就是对政策干预"因果"效应的估计，但传统的政策评估方法在因果推断方面存在着明显的不足，无法保证研究对象的随机分配，研究样本不可避免地存在选择偏差，难以建立政策和某个结果之间的确定关系。近年来一系列基于反事实框架的推断模型展现出潜力。目前常用的计量方法包括随机对照实验、双重差分、回归间断设计、工具变量、倾向值匹配、合成控制法等（表7-1）。

表7-1　6种公共政策评估方法的比较

评估方法	前提假设	优点	局限	适用范围	应用领域
随机对照实验	把参与者随机分配到实验组和对照组	内部有效性高	缺乏外部有效性，即实验结果能否外推到其他样本或其他人	面板数据满足随机性分配和样本同质性，不存在选择性偏差	农业政策（小微金融、信贷），教育政策（补贴、救励、学校）、健康政策等
双重差分	根据时间和组别进行两次差分，去除共同差异和个体异质性	计量模型简单易用	分组不当与时间划分不当容易造成政策内生性和选择性偏差	面板或重复截面数据，满足平行趋势假设等条件	改革试点政策（国有企业改革、研究医疗保险、教育政策、环境保护政策等的效果、房产税试点）等
回归间断设计	局部随机实验。某个临界值能够决定政策干预对象	内部有效性高，十分接近随机实验	外部有效性较低，个体可能精确地操作决定处置的关键变量导致内生性	满足断点假设、局部随机化假设等	劳动和教育政策、能源与环境政策、扶贫政策等
工具变量	利用来自模型之外的外生差异进行无偏差估计	模型简洁，对于调查数据、工具变量具有优势	找到好的工具变量非常难，弱工具变量问题，工具变量的外生性无法直接用统计方法加以验证	截面数据，满足工具变量外生性等条件	制度与经济增长、教育政策、劳动力市场等

续表

评估方法	前提假设	优点	局限	适用范围	应用领域
倾向值匹配	根据某种"距离"对实验组和对照组进行匹配	倾向值匹配可以提供一种更为直现简便的处理选择性误差的方法	条件独立性假定往往难以满足，没有考虑变量之间的交互作用	截面数据，满足条件独立性假设和共同支撑假设	劳动力市场教育政策、农业政策、扶贫政策等
合成控制法	通过对一组个体加权平均构造出一个对照组	允许存在不随时间变化且未观测的混杂因素	一般要求进行加总的权重必须保持在0~1；同时存在双重差分方法的局限	单个样本受到政策影响，需要政策实施前后的数据	经济增长、国家或区域发展、社会规制政策等

（二）评价方法的选择

选择计量经济学评估模型和方法除了考虑不同的公共政策运行环境外，还需考虑可获得数据的结构。常用的数据一般分为3种：时间序列数据、截面数据和面板数据。其区别主要在于用时间还是个体划分样本，具体来说：时序数据是同一个体不同时间的状态构成的数据集；截面数据是不同个体同一时间的状态构成的数据集；面板数据是不同个体不同时间的状态构成的数据集。本研究分析的是获研发补助的不同企业个体2020—2023年的数据，因此，属于面板数据。

面板数据是一种在时间和截面空间上同时取得的二维数据，是一种可以将截面数据和时间序列结合并一起分析的数据集模式。既包含了时间序列的数据，可以用来刻画个体的动态变化；同时又包含了截面数据，可以更好地来反映个体之间的差异。表7-1中六种模型仅有断点回归法和双重差分法适用于面板数据。而断点回归的前提假设是结果变量在临界值处是间断的，除了处理变量以外的其他协变量在临界值附近都是连续的。根据2020—2023年贵州省规上工业企业研发补助的数据情况，不属于临界值处间断的情况，因此，本研究采用双重差分法分析政策的有效性。

该模型的前提假设是：实验组和对照组样本在实验前后具有相同的趋势，政策干预只影响处理组，不会对控制组产生影响。

面板数据回归模型的一般形式为：

$$y_{it}=\alpha_i+\beta_i x_{it}+\varepsilon_{it}, \tag{7-1}$$

其中，y_{it} 是因变量，$X_{it}=(X_{it}^1, X_{it}^2, \cdots, X_{it}^k)$ 是 $k \times 1$ 维的解释变量；β 是 k 维参数向量；$t=1, \cdots, T$；$i=1, \cdots, N$ 分布表示的是时间跨度、截面维度。α_i 是截距项，ε_{it} 是随机误差项，满足均值为零，方差同为 δ_ε^2 的假设，即为独立同分布序列。

第七章 贵州省研发后补助政策创新效应分析

使用面板数据建立的回归模型由于假设不同,分为3种数据回归模型,分别是混合回归模型、固定效应模型和随机效应模型。

（1）混合回归模型

在混合回归模型假设中,模型的常数项与解释变量的系数均相同,因此又被称为不变系数模型,即满足 $\alpha_i=\alpha_j=\alpha$, $\beta_i=\beta_j=\beta$。于是在该模型中,各个常数项和系数项都是相等的,说明全部的截面之间不存在明显的个体差异,同时也不存在结构影响。在这种情况下可以将全部截面成员进行相似处理,即等同于用普通的最小二乘法来估计参数。于是模型简化为

$$Y=U+X\beta, \quad (7-2)$$

其中,Y 为 $NT\times 1$ 维向量,X 为 $NT\times K$ 维度矩阵,β 为 $K\times 1$ 维向量,U 为 $NT\times 1$ 维向量。参数 β 的估计方法为混合最小二乘估计,表示为

$$\hat{\beta}=(X^TX)^{-1}X^Ty。 \quad (7-3)$$

（2）固定效应模型

在面板数据回归模型的假设中,如果对于不同的截面或者时间序列,只是模型之间的截距不同,而系数相同,称为固定效应模型。

个体固定效应模型的定义为

$$y_{it}=\alpha_i+\beta x_{it}+\varepsilon_{it}, \quad (7-4)$$

此时截距项之间不再相等,即满足 $\alpha_i \neq \alpha_j$, $(i \neq j)$,而系数项 $\beta_i=\beta_j=\beta$ 不变,并且认为 α_i 与 x_{it} 是有关的。这种情况意味着全部截面均存在个体差异,但是个体差异可以用常数项来表示,不存在结构性的影响,于是系数项保持为相同的数值。

对个体固定效应模型的估计方法为离差变化的最小二乘法估计,首先对每个计算个体计算 $\overline{y_1}$、$\overline{x_1}$,可以得到

$$\overline{y_1}=\alpha_i+\beta \overline{x_1}+\overline{\varepsilon_1}。 \quad (7-5)$$

两式相减可以消去 α_i 得到

$$y_{it}-\overline{y_1}=\alpha_i+\beta(x_{it}-\overline{x_1})+(\varepsilon_{it}-\overline{\varepsilon_1})。 \quad (7-6)$$

最小二乘法估计:

$$\hat{\beta}=\frac{\sum_{i=1}^{N}\sum_{T=1}^{T}(x_{it}-\overline{x_1})(y_{it}-\overline{y_1})}{\sum_{i=1}^{N}\sum_{T=1}^{T}(x_{it}-\overline{x_1})(y_{it}-\overline{y_1})}, \quad (7-7)$$

所得的 $\hat{\beta}$ 为离差变换的最小二乘法估计,同时该估计量为满足一致性的估计量。

（3）随机效应模型

相比于固定效应模型,个体随机效应模型则认为随机变量与每个解释变量都无关,因此可以写成:

$$y_{it} = \beta x_{it} + \mu_{it}。 \tag{7-8}$$

对随机效应模型可以利用广义最小二乘估计方法来进行参数估计

$$\hat{\beta} = (X'\Omega X)^{-1}(X'\Omega Y), \tag{7-9}$$

其中，Ω 表示 μ_{it} 的协方差矩阵。

如果考虑时间角度，不同个体之间不存在显著性差异；从截面上分析，不同截面之间也不存在显著性差异，那么就可以直接把面板数据混合在一起而使用普通最小二乘法（OLS）估计参数。如果对于不同的截面或不同的时间序列，模型的截距不同，则可以采用在模型中添加虚拟变量的方法估计回归参数，这就是固定效应模型。如果固定效应模型中的截距项已经包含了截面随机误差项和时间随机误差项的平均效应，并且这两个随机误差项都服从正态分布，则固定效应模型就变成了随机效应模型。

在对面板数据模型的选择上，首先采用 F 检验决定选用混合模型还是固定效应模型，然后构造 LM 统计量进行随机效应检测，最后用 Hausman 检验确定应该建立随机效应模型还是固定效应模型。

（三）实证分析

（1）数据来源

在样本选择上，为了更好验证贵州省研发后补助政策对企业研发投入的影响，本研究立足于微观层面的企业主体，切实从企业研发活动出发。在数据选择上，本研究采用了面板数据，可以更好地减少变量间的共线性和异方差。

本研究统计数据是贵州省规上工业企业研发补助的资金数据，2 年内获得资助的企业总数为 513 家，其中 2022 年受补助企业 276 家、2023 年受补助企业 237 家。为了保证数据组成面板数据，必须挑出连续 2 年获得奖补的企业名单，最终形成样本为 90 家企业的 2020—2022 年连续 3 年的微观追踪面板数据。

（2）指标选取

本研究根据研究需要与统计指标，将企业研发经费投入（RD）作为因变量，获研发经费投入后补助金额（GD）作为自变量，新产品销售收入（Newproduct）作为控制变量，各变量界定如下：

企业研发经费投入（RD）：企业自身投入的研发经费，包含内部支出和外部支出。

获研发经费投入后补助金额（GD）：本研究的主要目的是探讨研发后补助政策对企业研发投入的影响，因此，将企业获得的研发补助金额作为解释变量，以贵州省科技厅对规上工业企业奖补资金数据为准。

新产品销售收入（Newproduct）：企业开展研发活动的目的之一是开发并生产新产品，同时具有更高新产品销售收入的企业能够有更多的资金进行研发活动。

（3）模型设定

第七章 贵州省研发后补助政策创新效应分析

本研究依据研发后补助政策对企业研发投入影响的作用机制与概念模型，采用逐步回归方法，构建政府研发后补助政策与企业研发投入的回归模型。

$$RD_{it} = \alpha + \beta_1 GD_{it} + \beta_2 Newproduct_{it} + \varepsilon_{it}, \quad (7-10)$$

模型中下标 i（$0 < i \leq 90$）代表第 i 家样本企业，下标 t（$2020 \leq t \leq 2022$）为时间变量，变量 ε 表示企业差异的随机误差项。RD_{it} 表示企业 i 在 t 年投入的研发经费，GD_{it} 表示企业 i 在 t 年获得研发补助金额，$Newproduct_{it}$ 表示企业 i 在 t 年的新产品销售收入。

在进行面板数据模型选择时，为了进一步判断混合回归模型（POOL）、固定效应模型（FE）和随机效应模型（RE）哪一种更适合本研究，本研究进行相关检验，结果如表 7-2 所示。

表 7-2　面板数据模型的设定检验结果

检验类型	检验目的	检验值	检验结论
F 检验	FE 模型和 POOL 模型比较选择	$F(89, 178)=3.990$, $p=0.000$	FE 模型
BP 检验	RE 模型和 POOL 模型比较选择	$\chi^2(1)=11.162$, $p=0.000$	RE 模型
Hausman 检验	FE 模型和 RE 模型比较选择	$\chi^2(1)=108.548$, $p=0.000$	FE 模型

在判断固定效应模型与混合回归模型时进行 F 检验。结果显示，固定效应模型明显优于混合回归模型；在判断随机效应模型与混合回归模型时进行 BP 检验。结果显示，随机效应模型优于混合回归模型；在判断固定效应模型与随机效应模型时进行 Hausman 检验，结果显示 P 值为 0.000，结果强烈拒绝原假设，这说明固定效应模型的拟合优度比随机效应模型的拟合优度更好。因此，本研究选择固定效应模型。

（4）描述性统计

各变量的描述性统计情况如表 7-3 所示。其中，企业研发投入（RD）的最大值为 75 472.79 万元，最小值为 0 万元，平均值为 2462.81 万元；后补助（GD）的最大值为 1000 万元，最小值为 0 万元，平均值为 90.74 万元；新产品产值（Newproduct）的最大值为 336 534 万元，最小值为 0 万元，平均值为 14 464.65 万元。

表 7-3　主要变量的描述性统计

名称	样本量	最小值	最大值	平均值	标准差	中位数
RD	270	0	75 472.790	2462.81	6247.78	770.93
GD	270	0	1000.000	90.74	141.09	100.00
Newproduct	270	0	336 534.000	14 464.65	39 976.97	1710.00

（5）相关性检验

由于个体之间数据差距比较大，为了保证本研究实证分析的有效性，首先对变量进行取对数处理，并对数据的平稳性进行检验，确定研究数据的平稳。

本研究采用Spearman相关系数考察模型中解释变量与被解释变量的相关关系，来决定将哪些变量加入模型中。表7-4相关性检验结果显示，政府研发后补助政策（LnGD）、企业新产品销售收入（LnNewproduct）与企业研发投入（LnRD）相关程度较高，解释变量之间相关系数也较高。

表7-4 Spearman 相关系数

	LnRD	LnGD	LnNewproduct
LnRD	1		
LnGD	0.646**	1	
LnNewproduct	0.270**	0.095	1

注：$*p<0.05$，$**p<0.01$。

由于变量之间的多重共线性会影响面板模型的回归结果，为了避免多重共线性的干扰，进行方差膨胀因子（VIF）检验。从表7-5可见，多重共线性检验的VIF值均小于10，因此主要变量之间不存在多重共线性的干扰问题。

表7-5 主要变量多重共线性检验

项	VIF 值	容忍度（Tolerance）
LnRD	1.706	0.586
LnGD	1.671	0.598
LnNewproduct	1.030	0.971

（四）结果分析

本研究采用逐步回归的方法对如下方程式进行检验，可以更加有效科学地识别固定效应模型的设定形式。政府研发补助（LnGD）影响企业研发投入（LnRD）的方程式如下：

$$\text{LnRD}_{it} = \alpha + \beta_1 \text{LnGD}_{it} + \varepsilon_{it} \text{。} \qquad (7-11)$$

$$\text{LnRD}_{it} = \alpha + \beta_1 \text{LnGD}_{it} + \beta_2 \text{LnNewproduct}_{it} + \varepsilon_{it} \text{。} \qquad (7-12)$$

将政府研发补助（LnGD）、企业新产品销售收入（LnNewproduct）作为自变量，企业研发投入（LnRD）作为因变量进行逐步回归分析，结果如表7-6所示。

第七章 贵州省研发后补助政策创新效应分析

表 7-6 回归结果

项	（1）	（2）
截距	3.340** （16.526）	3.341** （15.796）
LnGD	0.764** （11.684）	0.764** （11.651）
Newproduct		−0.000 （−0.015）
R^2	0.591	0.591
样本量	270	270
检验	$F(1, 179)=136.512, p=0.000$	$F(2, 178)=68.740, p=0.000$

注：$*p<0.05$，$**p<0.01$ 括号里面为 t 值。

（1）回归结果显示 R^2 为 0.591，意味着研发补助（LnGD）可以解释企业研发投入（LnRD）59.1% 变化的原因，且模型通过 F 检验（$F=269.874$，$p=0.000<0.05$），说明模型有效。

（2）研发补助（LnGD）的回归系数值为 0.764，说明 LnGD 会对 LnRD 产生显著的正向影响关系，研发补助每增加 1%，将带动企业研发投入增长 0.764%。

（3）新产品销售收入（LnNewproduct）并没有呈现出显著性（$t=-0.015$，$p=0.988>0.05$），因而说明新产品销售收入（LnNewproduct）对企业研发投入（LnRD）不会产生影响，因此在模型中去除 LnNewproduct，最后研发补助（LnGD）影响企业研发投入（LnRD）的模型公式为

$$LnRD_{it} = 3.40+0.76LnGD_{it}+\varepsilon_{it}。 \qquad (7-13)$$

（五）研究结论

本研究使用 2020—2022 年贵州省规上工业企业研发补助的面板数据，对研发后补助政策对企业研发投入的影响进行研究，通过固定效应模型进行实证检验。研究结果发现：研发补助与企业研发投入呈正相关关系，研发补助每增加 1%，将带动企业研发投入增长 0.764%，由于研发补助存在滞后性，补助资金还没有得到充分发挥，所以显著性较小。由于研发后补助样本较少，因此，无法进一步进行时滞性实证分析，但是无论是单独考察二者的关系，还是固定相关控制变量，回归结果都是二者呈正相关，说明研发补助的增加能够在一定程度上提升企业研发投入，增强企业进行创新活动的积极性。

第八章　优化贵州省研发后补助政策的建议

根据本研究，政府能够通过"看得见的手"用研发补助来有效引导并激励企业的研发活动，但仍存在创新激励空隙亟须弥补。因此，本部分提出优化规上企业研发补助机制的建议，促进财政奖补资金的优化配置，提高补助效率，更好地发挥政府研发奖补资金对企业创新产生的激励效应。

一、扩大受奖补企业覆盖面，完善研发后补助政策

虽然贵州省2023年较2022年研发后补助政策的受惠面增大，但是受惠率仍旧不高，有限的后补助资金难以满足数量众多的企业需求。因此，应加大对企业创新的普惠性支持，扩大受奖补企业覆盖面。一是持续加大研发补助财政资金投入。在财政科技资金总额上，建立动态的资金调整机制，以避免激励效应递减。二是针对企业异质性实施差异化奖补。由于研发后补助政策对中小企业研发投入的激励效应强于大型企业，因此，对中小企业研发投入主要采取后补助政策进行激励，对大型企业研发投入应采取其他更有效的政策措施，或者后补助政策与其他政策工具的组合。由于研发后补助政策对成长期企业的激励效应最强，其次为初创期和稳定期企业，因此，研发后补助政策应主要面向成长期企业，对于处于初创期和稳定期企业则以其他更有效的政策工具为主，后补助方政策作为辅助；由于研发后补助政策对高技术行业企业的激励效应明显高于对低技术行业企业研发投入的激励效应，因此，研发后补助政策重点对高技术行业企业进行资助，对低技术行业企业可采取直接研发资助方式，或两种政策的结合。三是企业从研发投入到研发产出需要时间的积累，产生的社会效益和经济效益可能需要若干年才能充分显现出来，为了更好地发挥研发后补助政策对企业研发投入的引致效应，应适当延长政策实施周期，即贵州省研发后补助政策应由暂行3年适当延长。四是对企业获奖补资金的使用情况进行绩效评价时，要充分考虑研发投入的滞后性，针对长期研发活动和短期研发活动设立不同的评价指标和考核周期，设计评价指标时要加大对滞后期指标的权重设置，不仅要考虑近期企业技术创新，还要重点考核长期企业技术创新。

二、建立企业研发活动培育库，完善企业培育机制

根据企业承担科技计划项目、研发费用加计扣除及是否是规上高新技术企业等情况进行甄别，建立企业研发活动培育库，精准扶持无研发活动的企业，对有研发活动的开展后补助。一是遴选出有研发活动但未填报研发数据的规上工业企业，精准指导企业合理归集研发项目；分析规上企业 R&D 经费投入行业分布、区域分布情况，重点关注体量大、实力强、研发管理制度和创新激励机制较健全的规上工业企业，建立"一对一"重点企业研发投入精准帮扶工作台账，形成省市联动、部门互动，引导企业加大研发投入；根据行业特征，重点在设备制造、医药制造、化学品制造、金属冶炼、煤炭开采、电力生产等行业，鼓励和支持具有研发潜力的企业开展研发活动。二是强化部门联动与日常管理。加强与财政、工业和信息化、国资、税务、统计、市场监管等部门联动，进一步创新工作思路和方法，做好与培育壮大市场主体行动、专精特新企业培育等工作的协同配合，做到数据融通共享、政策叠加支持，共同支持企业开展研发活动。

三、规范研发过程管理，完善企业研发项目管理机制

企业研发项目管理应当形成横向交流网络，通过制度更新来激发和保持企业内部组织和个人的创新积极性，使企业技术协作网络高效畅通，从而促进研发、生产和销售之间的紧密结合。一是政府应引导企业不断优化研发资源配置，鼓励企业建立研发准备金制度，设立研发准备金和研发预算，为企业开展研发活动做好配套。鼓励企业适时调整自身研发投入，提高自身对研发资源的管理能力，提高研发后补助政策的效能。二是项目立项管理。在企业研发项目立项阶段，保存一套完整的项目立项过程证明材料，包括项目申报书、会议决定或者项目立项公示材料、项目立项合同书等。三是项目实施过程管理。在研发项目实施阶段，企业要在财务系统中对项目经费进行单独核算，合理归集项目的人员、材料等支出，详细记录研发项目的开支情况。四是项目验收管理。在研发项目结题验收阶段，企业要及时向项目立项部门提请验收，并保存一套完整的项目验收证明材料，包括项目验收申请书、专家意见等。五是支持市（州）科技管理部门定期组织财务、技术专家对企业研发立项、过程管理、项目验收管理、财务管理等进行培训或现场指导，督促企业进一步加强研发活动规范化管理，完善研发项目管理和研发费用归集，确保企业研发活动更加规范、高效。

四、精准匹配补贴对象，完善奖补对象甄别机制

当前的创新补贴方式主要以企业对创新的扩展边际为依据，能够促进增量式创

新,但并不能保证企业研发投入的增加能够产生技术价值的增值,对企业实现关键技术突破的推动力仍显不足。因此,政府可以通过精准匹配补贴方式和补贴对象引导企业通过投资实现生产技术革新。一是对技术或产品的生命周期所处阶段和技术进化方向进行实时评估和预测,捕捉技术突破点和间断点,对企业技术类型进行识别和分类,设计并组合针对性的奖补方式,做到因时制宜、因企而异,实现动态匹配。二是通过线上线下方式辨别企业违法失信行为。线下通过及时与省直相关部门信息共享,线上利用"天眼查""企查查""贵商易"等平台,查询企业有无财政资金使用违纪、违规、违法行为,近一年有无发生较大及以上安全事故或者违法失信行为。三是可以借助第三方监管平台,研判补贴对象的研发活动实质以解决技术信息和市场的信息不对称问题,提升监管能力的同时强化自身独立性,形成对企业技术研发有力且有效的创新监管环境。

五、强化联动与日常管理,完善核查机制

一是明确奖补依据。企业研发经费投入由企业享受研发经费加计扣除优惠的实际研发经费确定。二是明确职责分工。省科技管理部门负责统筹、协调和组织开展企业研发活动激励工作。省税务部门负责汇总企业年度所得税汇算清缴已享受研发费用加计扣除政策金额等相关数据。市(州)科技管理部门负责具体工作的组织实施,开展激励企业的现场核实及项目申报、管理、验收等工作。三是建立省市双审核机制。市(州)科技管理部门对企业申报情况进行审核,并组织专家以财务系统中项目经费单独核算与开支情况作为依据进行现场核实。省科技管理部门与省直相关部门建立数据对比机制,与财政、工业和信息化、国资、税务、统计、市场监管等部门联动,进一步创新工作思路和方法,做到数据融通共享、政策叠加支持,共同支持企业开展研发活动。

六、细化奖补程序,完善研发奖补流程管理机制

一是组织申报。省科技管理部门发布年度申报通知,明确相关要求、具体流程等。市(州)科技管理部门组织企业进行自主申报。二是审核推荐。市(州)科技管理部门对企业申报情况进行审核,并组织专家以财务系统中项目经费单独核算与开支情况作为依据进行现场核实。核实结果提交省科技管理部门,同时推荐激励企业建议名单。三是汇总核定。省科技管理部门组织相关部门对各市(州)提交的企业数据进行比对汇总,对推荐的激励企业进行择优选取。四是公示反馈。省科技管理部门向社会公示激励企业名单,将获省级科技重大专项、省级科技计划项目激励的企业,按属

地反馈给市（州）科技管理部门。五是资金下达。公示无异议后，省科技管理部门按程序将激励资金直接拨付到企业，市（州）科技管理部门负责资金使用的监管。市（州）科技管理部门组织定向安排重大专项、省级科技计划项目的企业，聚焦新产品凝练研发项目，组织项目论证及任务书签署。省科技管理部门为研发任务赋予省级科技计划项目合同号，纳入省级科技计划项目管理，按程序将项目资金直接拨付到企业。

七、做好政策宣传，完善监督管理机制

在推动研发后补助政策的实施过程中，要广泛开展贵州省规上企业研发活动扶持计划相关激励政策的宣贯解读，鼓励更多符合条件的规上企业申报研发奖补，同时要不断完善监督检查和评价机制，提高财政资金使用效率。一是加强政策宣贯。贵州省大部分企业未享受到研发后补助政策红利，其中一个重要因素就是研发后补助政策尚未有效宣传辐射到企业中去。为让企业及时享受到政策红利，亟须加强研发后补助政策的宣传力度，进一步扩大政策的知晓度和受惠度。总结研发后补助政策实施典型案例，通过典型案例的示范作用提高研发后补助政策的知晓度。根据企业实际需求，对政策进行深入解读，形成宣讲课件、常见问题汇编等宣讲成果，努力实现企业全覆盖。及时总结和推广各地、各有关部门的经验做法，积极营造崇尚创业、鼓励创新的良好氛围。二是建立监督检查和评价机制。省科技管理部门每年对政策的实施成效进行评价，具体措施可根据执行情况和评价结果进行动态调整。各地科技管理部门要建立工作台账，针对重点企业形成"一企一策"个性化诊断服务，帮助企业开展研发活动。

第九章 研究展望

一、国家科技自立自强背景下企业研发后补助政策的趋势

全球化是人类发展大势所趋，然而于大国经济而言，关键核心技术永远是国之重器，必须立足自主创新、自立自强，否则就容易被"卡脖子"，尤其是近年来，以美国为首的西方国家对华政策发生重大转变，从贸易领域摩擦逐渐演化为科技领域的围追堵截，以《2022年芯片与科学法案》为代表，对我国全面实施脱钩断链。过去一段时期"市场换技术""造不如买，买不如租"的局面一去不返。由于国际形势复杂多变，在此背景下，从党的十九届五中全会到党的二十大，加快实现科技自立自强成为国家层面高质量发展的重点突破口。

近30年来，我国研发经费投入总量逐年上升，稳居世界第二。目前总体发展趋势符合全球主要国家研发强度的"S"形曲线，正处于研发经费快速增长的"科技起飞阶段"，跨越研发投入强度2.5%的拐点指日可待。同时，无论研发经费的来源结构还是执行结构，与主要研发强国类似，企业已成为我国创新的第一大主体，表明我国科技体制改革成效明显，研发经费配置市场化趋势突出。但是与西方发达国家相比，我国企业仍存在研发投入强度不够、基础研究与应用研究偏少、研发成果质量不高等问题。因此，要发挥政府研发补助资金和相关政策的激励作用，一方面引导企业加大研发投入尤其是基础研究和应用研究投入，优化研发投入结构；另一方面围绕"卡脖子"技术领域，聚焦生物制造、商业航天、低空经济等战略性新兴产业和量子、生命科学等未来产业，加大研发补助力度，大力发展新质生产力，不断塑造新的竞争优势，才能更好落实"以科技创新引领现代化产业体系建设"的要求，最终实现科技自立自强。

二、贵州省"四新""四化"背景下企业研发后补助政策的趋势

2023年1月13日，贵州省第十四届人民代表大会第一次会议开幕。贵州省《政府工作报告》（简称《报告》）中提出的"高质量发展"成为累计出现次数最多的词，共出现了26次。《报告》显示，5年来，贵州坚持以高质量发展统揽全局，实现了工作重

心的历史性转移，高质量发展取得良好开局。全省综合实力迈上新台阶。地区生产总值年均增长 6.3%、总量突破 2 万亿元，人均地区生产总值达到 5.3 万元左右、增加 1.7 万元左右。与此同此，重点提及贵州紧紧围绕"四新"主攻"四化"，高质量发展支撑不断增强。《报告》中提及的"四新"与"四化"是贵州高质量发展的重点和方向，"四新"是习近平总书记在贵州视察时从战略和全局高度对贵州做出的战略指引，而"四化"是习近平总书记针对贵州实际给予的路径指导，"四新"和"四化"集中体现了习近平总书记对贵州发展的高度重视，是贵州高质量发展的总纲领。

以科技创新驱动高质量发展，是贯彻新发展理念、破解当前贵州经济发展中突出矛盾和问题的关键，也是加快转变发展方式、优化经济结构、转换增长动力的重要抓手。根据发达国家与沿海地区的经验，企业创新在支撑经济高质量发展中发挥了重要作用。贵州省委省政府提出，要把坚持高质量发展作为新时代的硬道理，以科技创新引领现代化产业体系建设，以人工智能等为重点加快培育新质生产力，加快推进重点领域科技突破，围绕"六大产业基地"深入实施六大重大科技战略行动和向科技要产能专项行动。因此，政府部门一方面要以政策引导与财政资金补助等企业受欢迎的政策举措，尽快实现全省规上工业企业研发活动全覆盖，同时将补助政策对象逐步覆盖全部企业，可以让越来越多的企业具备自主创新能力，以科技创新推动产业创新；另一方面，补助政策方向要聚焦大数据电子信息、高端装备、新能源电池及材料、磷煤化工、酱香白酒、铝及铝精深加工、生态食品、医药制造等产业集群，以产业升级构筑竞争新优势，构建创新型企业集群竞相发展新格局。努力落实"四新"、全力推进"四化"，才能最终实现经济社会的高质量发展。

附录 A 企业主要创新指标

表 A-1 规上工业企业数（2015—2022 年）

单位：家

地区	2015年	2016年	2017年	2018年	2019年	2020年	2021年	2022年
北京	3548	3340	3231	3197	3121	3028	3073	3141
天津	5525	5203	4286	4292	4813	5120	5662	5812
河北	15 295	14 764	14 790	14 943	13 181	14 239	16 127	18 077
山西	3845	3548	3835	3875	4798	5480	6859	7688
内蒙古	4404	4289	2801	2832	2965	2985	3291	3591
辽宁	12 304	8025	6626	6621	7610	7755	8499	8923
吉林	5682	6003	5971	5963	3042	3043	3228	3216
黑龙江	4162	3946	3731	3740	3531	3832	4355	4532
上海	8994	8351	8122	8130	8776	8804	9309	9432
江苏	48 488	47 900	45 414	45 675	46 090	50 168	56 281	61 504
浙江	41 167	40 128	39 949	40 586	45 695	47 956	53 730	56 229
安徽	19 077	19 838	18 883	19 421	17 761	18 447	19 880	21 484
福建	17 240	17 262	17 348	17 470	18 373	18 845	20 105	20 691
江西	9941	10 931	10 889	11 630	13 022	14 341	15 813	17 614
山东	41 485	39 567	38 147	38 333	27 129	29 628	33 057	35 322
河南	22 892	23 679	22 023	22 081	19 516	19 803	21 679	23 805
湖北	16 413	16 296	15 097	15 598	15 521	15 708	16 792	18 388
湖南	13 992	14 386	15 201	16 055	16 562	18 239	19 301	19 885
广东	42 113	42 688	47 203	47 456	55 394	58 483	66 307	70 702
广西	5518	5464	5723	6058	6185	7099	8065	8959
海南	380	337	335	337	412	493	563	665
重庆	6608	6782	6684	6772	6694	6938	7314	7616
四川	13 525	13 819	13 904	14 205	14 599	15 280	16 453	17 523

续表

地区	2015年	2016年	2017年	2018年	2019年	2020年	2021年	2022年
贵州	4482	5123	5311	5583	4686	4482	5090	5332
云南	3876	4194	4186	4260	4366	4401	4569	4895
西藏	104	108	116	123	148	167	186	190
陕西	5413	5862	6271	6426	7037	7205	7569	7772
甘肃	2148	2105	1905	1917	1825	1952	2262	2518
青海	575	593	569	586	585	580	633	646
宁夏	1245	1174	1223	1250	1196	1241	1383	1476
新疆	2707	2894	2955	3025	3182	3633	4082	4381

数据来源：《中国统计年鉴》（2016—2023年）。

表 A-2　规上工业企业中有 R&D 活动的企业数（2015—2022年）

单位：家

地区	2015年	2016年	2017年	2018年	2019年	2020年	2021年	2022年
北京	1141	1155	1192	1127	1127	1202	1243	1325
天津	2084	2051	1714	1387	1298	1444	1649	1631
河北	1388	1701	2218	1748	2351	3137	3906	4746
山西	295	348	468	445	530	855	976	1076
内蒙古	320	415	345	273	292	391	482	708
辽宁	927	1077	1420	1489	1629	1874	2123	2269
吉林	274	361	386	324	323	354	429	428
黑龙江	336	382	410	329	330	486	645	646
上海	1866	1982	2057	2174	2349	2498	2722	2977
江苏	16 369	19 186	19 323	19 669	27 365	26 161	27 303	31 594
浙江	13 634	14 493	15 517	16 505	20 217	23 846	26 189	24 871
安徽	3258	3839	4697	4468	5925	6918	7982	9135
福建	3038	3486	3825	4292	5305	5979	6908	7215
江西	1282	2214	2506	3547	4335	5081	5986	5145
山东	5766	7090	8920	7984	7114	11 604	15 647	17 793
河南	2454	2666	3526	3364	4458	4887	6091	7942
湖北	2421	2979	3566	3803	4877	5649	6733	6991
湖南	2731	3144	4057	5979	7122	7969	9999	10 449

续表

地区	2015年	2016年	2017年	2018年	2019年	2020年	2021年	2022年
广东	8113	10 928	16 793	16 570	20 922	23 081	26 688	22 742
广西	456	508	543	485	615	857	1386	1703
海南	70	73	77	66	76	88	135	153
重庆	1225	1346	1906	2292	2581	2878	3361	3208
四川	1304	1840	2674	2569	3448	4385	4798	4725
贵州	285	650	946	948	1078	1267	1591	1354
云南	744	879	1003	1003	1243	1206	1254	1232
西藏	10	10	12	13	9	12	15	16
陕西	868	1071	1180	1096	1250	1480	1557	1941
甘肃	457	453	397	330	416	421	470	563
青海	35	57	57	60	99	74	92	79
宁夏	154	224	255	306	361	422	556	609
新疆	265	283	228	175	153	185	308	353

数据来源：《中国科技统计年鉴》（2016—2023年）。

表A-3 规上工业企业中有研发机构的企业数（2015—2022年）

单位：家

地区	2015年	2016年	2017年	2018年	2019年	2020年	2021年	2022年
北京	661	607	546	483	447	453	454	463
天津	891	812	464	403	433	479	537	520
河北	1030	1123	1181	900	1849	2197	2375	4398
山西	223	305	364	369	466	1070	1385	1455
内蒙古	164	170	119	89	93	112	135	256
辽宁	411	411	452	478	487	515	498	569
吉林	148	164	142	141	136	150	142	161
黑龙江	216	177	127	100	133	171	205	203
上海	640	592	558	575	642	743	791	869
江苏	18 872	20 910	19 514	20 298	21 303	17 624	16 244	17 755
浙江	9045	9387	10 135	10 141	13 274	17 344	20 131	24 744
安徽	3104	3489	3967	4281	4812	5601	6014	7286
福建	1389	1406	1419	1517	1703	1972	1933	2183
江西	687	1112	1698	2549	3467	4090	5056	5529

续表

地区	2015年	2016年	2017年	2018年	2019年	2020年	2021年	2022年
山东	2906	3275	3802	2734	2566	3966	6370	8456
河南	1565	1738	1788	1419	1626	1714	2781	4243
湖北	1117	1004	1040	1318	2012	2693	4531	5286
湖南	1497	1596	1701	1514	1772	1701	2773	3138
广东	5002	9695	17 494	19 397	23 592	25 602	30 261	29 864
广西	246	235	214	204	263	389	644	754
海南	36	26	22	31	33	43	56	75
重庆	722	924	1052	965	995	1907	1739	2268
四川	743	805	986	1051	1237	1485	1696	1672
贵州	170	372	368	406	520	603	445	395
云南	404	465	563	474	465	437	438	487
西藏	2	5	4	2	5	3	3	8
陕西	400	436	448	372	459	546	544	597
甘肃	233	184	153	127	133	133	141	184
青海	28	39	33	33	29	33	23	22
宁夏	122	142	167	156	239	217	205	280
新疆	159	159	115	80	83	79	117	183

数据来源：《中国科技统计年鉴》（2016—2023年）。

表A-4　规上工业企业R&D经费内部支出（2015—2022年）

单位：万元

地区	2015年	2016年	2017年	2018年	2019年	2020年	2021年	2022年
北京	2 440 875	2 548 433	2 690 851	2 740 103	2 851 859	2 974 157	3 135 144	3 489 973
天津	3 526 665	3 499 551	2 411 418	2 528 761	2 134 320	2 287 717	2 512 635	2 845 710
河北	2 858 051	3 086 608	3 509 684	3 819 916	4 385 826	4 854 544	5 703 924	6 358 675
山西	1 008 950	976 283	1 122 323	1 312 531	1 380 813	1 561 790	1 862 448	2 023 083
内蒙古	1 186 261	1 279 853	1 082 640	1 033 594	1 183 625	1 293 714	1 547 744	1 708 541
辽宁	2 418 803	2 420 637	2 749 477	3 006 014	3 102 482	3 353 222	3 672 792	3 756 732
吉林	861 541	908 602	749 958	575 015	684 086	776 448	858 433	926 041
黑龙江	880 392	884 925	825 854	605 680	714 862	774 634	887 690	979 976
上海	4 742 443	4 900 778	5 399 953	5 548 768	5 906 504	6 350 087	6 983 293	7 659 941

续表

地区	2015年	2016年	2017年	2018年	2019年	2020年	2021年	2022年
江 苏	15 065 065	16 575 418	18 338 832	20 245 195	22 061 581	23 816 885	27 166 319	29 936 774
浙 江	8 535 689	9 357 877	10 301 447	11 473 921	12 742 260	13 958 988	15 916 604	17 680 564
安 徽	3 221 422	3 709 224	4 361 175	4 973 027	5 765 371	6 394 211	7 391 200	8 206 500
福 建	3 469 810	3 882 632	4 487 934	5 249 417	5 985 139	6 669 131	7 716 534	8 485 871
江 西	1 474 968	1 797 561	2 216 865	2 677 714	3 202 151	3 460 219	3 978 466	4 396 905
山 东	12 917 718	14 150 035	15 636 785	14 184 975	12 109 485	13 656 187	15 653 402	17 287 025
河 南	3 688 252	4 096 962	4 722 542	5 289 250	6 087 153	6 855 770	7 640 132	8 455 419
湖 北	4 072 726	4 459 622	4 689 377	5 255 194	5 865 143	6 109 588	7 235 941	7 931 580
湖 南	3 525 450	3 929 647	4 617 716	5 167 217	5 931 485	6 645 286	7 661 149	8 588 734
广 东	15 205 497	16 762 749	18 650 313	21 072 031	23 148 566	24 999 527	29 021 849	32 177 548
广 西	769 190	827 248	935 996	891 031	1 044 742	1 133 332	1 370 239	1 505 736
海 南	111 841	79 819	74 815	113 708	108 154	117 021	141 545	149 370
重 庆	1 996 609	2 374 859	2 799 986	2 992 091	3 358 918	3 725 610	4 245 267	4 793 346
四 川	2 238 051	2 572 607	3 010 846	3 423 923	3 878 572	4 276 383	4 801 710	5 300 775
贵 州	457 303	556 853	648 576	762 280	910 206	1 053 574	1 210 567	1 317 509
云 南	619 588	741 847	885 588	1 070 172	1 297 741	1 451 454	1 764 956	1 986 681
西 藏	2602	4003	3186	8625	5574	8944	24 782	17 043
陕 西	1 725 829	1 844 216	1 963 697	2 165 554	2 408 037	2 684 020	3 196 867	3 544 104
甘 肃	486 077	509 228	466 912	476 151	505 544	521 334	642 948	720 007
青 海	65 029	77 940	83 276	67 716	93 712	103 699	138 488	149 214
宁 夏	200 453	239 624	291 101	369 910	415 733	453 491	517 577	597 053
新 疆	366 180	390 946	400 468	448 779	441 347	391 939	541 819	641 190

数据来源：《中国科技统计年鉴》（2016—2023年）。

表A-5 规上工业企业R&D经费支出占主营业务（营业）收入比重（2015—2022年）

单位：万元

地区	2015年	2016年	2017年	2018年	2019年	2020年	2021年	2022年
北 京	1.14	1.18	1.29	1.29	1.30	1.28	1.22	1.26
天 津	1.12	1.15	1.26	1.35	1.49	1.44	1.13	1.18
河 北	0.50	0.55	0.63	0.65	0.84	1.01	1.07	1.25

续表

地区	2015年	2016年	2017年	2018年	2019年	2020年	2021年	2022年
山西	0.67	0.70	0.67	0.68	0.63	0.68	0.65	0.52
内蒙古	0.50	0.54	0.63	0.63	0.77	0.74	0.70	0.59
辽宁	0.65	0.66	0.73	0.73	1.17	1.13	0.98	1.01
吉林	0.31	0.34	0.39	0.39	0.37	0.42	0.49	0.68
黑龙江	0.69	0.71	0.75	0.78	0.95	0.67	0.71	0.75
上海	1.18	1.27	1.39	1.43	1.42	1.44	1.48	1.70
江苏	0.93	0.97	1.02	1.06	1.23	1.58	1.86	1.82
浙江	1.12	1.19	1.35	1.43	1.57	1.67	1.68	1.62
安徽	0.73	0.77	0.83	0.88	1.01	1.26	1.54	1.75
福建	0.84	0.85	0.88	0.91	0.98	1.02	1.04	1.51
江西	0.41	0.41	0.45	0.50	0.66	0.83	0.91	1.10
山东	0.80	0.82	0.89	0.94	1.11	1.53	1.46	1.59
河南	0.49	0.50	0.50	0.52	0.59	1.13	1.22	1.78
湖北	0.82	0.88	0.94	0.97	1.09	1.24	1.29	1.74
湖南	0.85	0.92	1.00	1.00	1.19	1.48	1.56	2.16
广东	1.16	1.19	1.28	1.30	1.39	1.55	1.58	1.76
广西	0.48	0.45	0.38	0.37	0.39	0.48	0.60	0.67
海南	0.60	0.63	0.67	0.48	0.42	0.52	0.47	0.50
重庆	0.91	0.90	0.97	1.01	1.35	1.52	1.57	1.76
四川	0.47	0.52	0.58	0.62	0.72	0.84	0.88	1.05
贵州	0.47	0.47	0.46	0.50	0.61	0.81	0.93	1.27
云南	0.46	0.49	0.63	0.73	0.76	0.81	0.88	1.01
西藏	0.47	0.25	0.19	0.23	0.15	0.33	0.19	0.34
陕西	0.77	0.82	0.88	0.88	0.85	0.94	0.93	0.97
甘肃	0.47	0.51	0.56	0.65	0.55	0.54	0.67	0.66
青海	0.43	0.41	0.30	0.35	0.40	0.31	0.39	0.32
宁夏	0.49	0.53	0.58	0.66	0.72	0.86	0.84	0.73
新疆	0.36	0.38	0.45	0.47	0.41	0.43	0.38	0.36

数据来源：《中国科技统计年鉴》（2016—2023年）。

表 A-6 规上工业企业 R&D 人员（2015—2022 年）

地区	2015年 R&D 人员/人	2015年 R&D 人员折合全时当量/人年	2016年 R&D 人员/人	2016年 R&D 人员折合全时当量/人年	2017年 R&D 人员/人	2017年 R&D 人员折合全时当量/人年	2018年 R&D 人员/人	2018年 R&D 人员折合全时当量/人年	2019年 R&D 人员/人	2019年 R&D 人员折合全时当量/人年	2020年 R&D 人员/人	2020年 R&D 人员折合全时当量/人年	2021年 R&D 人员/人	2021年 R&D 人员折合全时当量/人年	2022年 R&D 人员/人	2022年 R&D 人员折合全时当量/人年
北京	72 802	50 773	70 658	51 143	73 416	52 719	69 095	46 929	65 486	44 241	64 256	46 172	61 490	41 496	79 152	53 459
天津	117 200	84 291	111 262	78 336	89 510	57 881	81 115	53 280	66 307	45 685	65 505	45 227	77 928	49 404	76 666	51 110
河北	113 360	79 452	122 331	82 971	124 457	79 135	106 985	68 956	116 854	76 096	126 433	86 337	135 827	83 401	171 074	111 333
山西	39 375	28 927	42 800	29 450	48 968	31 757	45 402	27 228	44 740	27 478	52 889	32 547	62 573	35 468	68 614	40 034
内蒙古	35 889	29 190	38 386	30 126	31 704	23 243	24 559	15 777	21 931	15 001	29 667	18 393	28 933	15 433	47 260	24 931
辽宁	76 485	49 097	74 626	49 254	79 365	49 463	81 997	53 133	78 128	52 104	86 138	59 978	99 111	63 156	102 617	67 503
吉林	33 753	23 202	33 889	23 469	38 213	21 056	18 216	11 124	20 809	11 849	19 919	11 806	25 398	16 124	26 019	15 297
黑龙江	42 945	31 762	45 050	32 219	35 185	24 046	22 885	13 110	23 123	15 054	21 848	14 272	24 809	15 444	31 720	18 483
上海	124 753	94 981	119 470	98 671	120 229	88 967	120 599	88 016	113 425	80 694	117 886	87 957	136 693	93 966	143 267	100 972
江苏	571 188	441 304	609 974	451 885	589 366	455 468	623 444	455 530	693 442	508 375	710 532	538 781	863 212	612 676	913 586	655 930
浙江	402 642	316 672	414 652	321 845	444 307	333 646	513 546	394 147	574 571	451 752	616 790	480 493	644 524	482 140	672 916	519 168
安徽	146 549	96 791	154 875	99 451	167 242	103 598	167 996	106 744	183 580	124 491	194 479	139 988	248 221	170 421	260 535	180 814
福建	134 111	99 180	145 083	102 250	145 529	105 533	172 832	120 723	180 365	126 089	192 160	140 850	259 342	186 328	264 758	193 782
江西	51 750	31 321	66 534	34 924	68 877	45 082	90 444	67 394	122 207	85 032	140 173	100 473	140 382	97 497	140 158	101 018
山东	354 575	241 395	374 531	241 761	385 752	239 170	388 403	236 515	304 172	198 205	376 610	255 281	529 468	349 379	570 860	391 781
河南	185 059	131 051	187 804	132 731	193 623	123 619	183 091	128 054	206 775	140 361	207 609	145 464	241 034	162 562	262 823	175 486

续表

地区	2015年 R&D人员/人	2015年 R&D人员折合全时当量/人年	2016年 R&D人员/人	2016年 R&D人员折合全时当量/人年	2017年 R&D人员/人	2017年 R&D人员折合全时当量/人年	2018年 R&D人员/人	2018年 R&D人员折合全时当量/人年	2019年 R&D人员/人	2019年 R&D人员折合全时当量/人年	2020年 R&D人员/人	2020年 R&D人员折合全时当量/人年	2021年 R&D人员/人	2021年 R&D人员折合全时当量/人年	2022年 R&D人员/人	2022年 R&D人员折合全时当量/人年
湖北	140381	86813	149571	96340	154580	94241	167053	105041	175724	115743	183933	125066	220314	147504	242588	168695
湖南	117750	83821	130292	86440	136069	94228	156611	102800	160880	106946	175153	121470	215288	143908	245315	174121
广东	534293	411059	585089	423730	696385	457342	806431	621950	838891	642490	911222	700017	972954	709119	1026944	772585
广西	27049	19000	29025	19402	28296	16163	29182	17228	32429	22102	30957	20407	45701	28508	66928	37341
海南	5558	3325	4164	2688	3852	1971	3023	1971	2832	1779	3026	2050	4744	2911	6057	3961
重庆	65112	45129	73946	47392	87140	56416	96950	61956	98563	62424	102905	69843	131478	83845	123872	83623
四川	94432	56841	110503	60146	123718	71968	119640	77848	128713	78289	142877	90128	158826	95650	187210	117859
贵州	22465	14916	27677	15774	32616	18786	37686	20041	37644	23164	41280	26261	44499	26717	49531	29129
云南	28465	16381	31321	17166	33180	21393	37432	24048	44533	29440	42879	28894	46377	28234	44077	27950
西藏	167	43	339	208	279	202	395	326	348	264	309	190	687	266	642	173
陕西	66087	45052	70832	45362	70156	44672	56926	39315	63105	42983	70206	48809	78236	50997	94541	60713
甘肃	18943	12578	18179	12610	17436	10096	13861	8026	15688	8547	13807	8614	21018	12547	23935	14487
青海	2065	1285	3147	1750	3837	1799	2505	1157	3948	2379	2942	1557	3455	1626	3957	1878
宁夏	9670	5470	10076	5686	10619	6392	12466	7060	13460	8073	13944	8333	20144	10930	20476	10804
新疆	11075	7188	11258	7310	11152	6191	10400	5806	7877	4698	9167	4752	16914	8995	20060	10248

数据来源：《中国科技统计年鉴》（2016—2023）年。

表 A—7 规上工业企业办研发机构数（2015—2022 年）

单位：个

地区	2015年	2016年	2017年	2018年	2019年	2020年	2021年	2022年
北京	809	749	657	572	508	538	548	574
天津	1062	951	561	481	515	601	639	643
河北	1245	1385	1466	1123	2154	2555	2816	5010
山西	243	323	378	398	486	1092	1413	1484
内蒙古	238	278	224	159	143	166	182	297
辽宁	560	552	581	592	591	624	611	735
吉林	199	198	180	181	164	190	158	181
黑龙江	247	207	159	121	170	208	247	243
上海	738	666	621	628	695	805	850	911
江苏	21 542	23 564	22 007	22 469	23 015	19 147	17 805	19 586
浙江	9737	10 137	10 893	10 769	13 850	17 924	20 752	25 401
安徽	3986	4536	5110	5302	5874	6767	7114	8383
福建	1595	1618	1665	1697	1879	2143	2115	2340
江西	838	1260	1880	2781	3757	4380	5270	5774
山东	3971	4528	5361	4087	3822	5536	8434	10 859
河南	1997	2229	2397	1854	2141	2234	3302	4800
湖北	1333	1212	1266	1550	2340	3048	5013	5763
湖南	1765	1874	1983	1765	2068	1953	3087	3456
广东	6553	11 834	20 030	21 740	25 891	28 262	32 938	32 434
广西	367	324	305	271	323	453	697	807

续表

地区	2015年	2016年	2017年	2018年	2019年	2020年	2021年	2022年
海南	43	26	27	36	51	65	68	83
重庆	896	1077	1264	1113	1131	2083	1928	2469
四川	1022	1066	1270	1333	1497	1811	2023	2019
贵州	242	474	442	494	590	679	503	439
云南	479	554	648	542	538	488	493	552
西藏	2	5	4	519	5	4	3	9
陕西	552	626	652	190	623	700	705	715
甘肃	284	263	228	45	189	205	225	306
青海	41	46	50	177	47	64	54	39
宁夏	160	181	198	124	268	234	211	311
新疆	208	220	160	572	134	135	163	213

数据来源：《中国科技统计年鉴》（2016—2023年）。

表 A–8　规上工业企业新产品销售收入（2015—2022 年）

单位：亿元

地区	2015年	2016年	2017年	2018年	2019年	2020年	2021年	2022年
北京	3564	4086	4119	4137	5220	5345	8253	5604
天津	5728	5643	4095	3856	3847	3892	4814	4868
河北	3476	3923	4662	5229	6485	7191	9668	9475
山西	833	1085	1543	1941	1989	2311	2941	3555
内蒙古	665	780	1124	1028	1127	1242	1655	3147
辽宁	3337	3387	3696	4557	4284	4441	5011	5103
吉林	1823	2628	2775	1347	2628	2240	2955	2177
黑龙江	511	503	682	561	734	821	1252	1395
上海	7471	9033	10 068	9797	10 141	10 159	10 575	10 785
江苏	24 463	28 085	28 579	28 425	30 102	39 443	42 622	51 118
浙江	18 839	21 397	21 150	23 308	26 099	28 302	36 890	41 282
安徽	5882	7321	8843	9532	9699	12 054	15 102	17 580
福建	3526	4053	4477	5301	5789	6098	7822	7758
江西	2059	3137	3857	4512	6328	7221	9575	11 645
山东	14 698	16 313	18 126	15 247	13 480	17 081	27 540	37 847
河南	5789	6115	7096	7688	6788	7907	8826	10 656
湖北	5677	6713	7523	8863	9708	9597	13 696	14 809
湖南	7350	8098	8586	7616	8105	8388	12 169	13 772
广东	22 643	28 671	34 863	39 376	42 970	44 313	49 685	48 075
广西	1633	1981	2249	1834	1838	2571	3033	2860
海南	133	127	131	105	94	135	245	372
重庆	4535	5014	5323	4216	4365	5881	6995	6796
四川	2892	3045	3683	3576	4212	4970	6139	6832
贵州	394	575	606	747	819	876	1021	1360
云南	513	628	809	929	940	1216	1206	1631
西藏	6	8	9	18	23	3	5	8
陕西	1041	1236	1715	2033	2566	2494	3811	4364
甘肃	574	303	346	275	553	578	766	1122
青海	23	38	103	123	123	209	171	375
宁夏	283	203	335	483	448	459	540	924
新疆	494	475	394	433	557	633	582	685

数据来源：《中国科技统计年鉴》（2016—2023 年）。

附录 A 企业主要创新指标

表 A-9 规上工业企业专利申请数（2015—2022 年）

单位：件

地区	2015 年	2016 年	2017 年	2018 年	2019 年	2020 年	2021 年	2022 年
北 京	20 024	20 065	19 653	20 655	22 552	25 147	28 221	32 594
天 津	16 721	17 170	15 770	15 051	15 634	19 033	18 952	18 488
河 北	10 396	13 189	13 855	16 707	21 570	24 815	30 171	33 789
山 西	3569	3786	4398	5423	6201	8444	10 152	9827
内蒙古	2585	2970	3796	3769	5064	5755	7722	9065
辽 宁	9190	9709	11 206	12 485	13 783	17 790	20 104	21 581
吉 林	1972	2655	2894	3333	6256	6476	7949	12 612
黑龙江	3902	4127	3786	2764	4449	5963	6691	6551
上 海	21 725	24 228	27 581	29 258	35 326	40 630	41 431	42 835
江 苏	119 927	131 284	124 980	165 096	175 906	196 799	207 371	218 368
浙 江	80 512	78 729	85 639	100 254	114 326	138 589	159 920	171 872
安 徽	45 598	49 791	52 916	56 596	55 520	66 677	75 058	81 620
福 建	24 916	28 208	31 433	31 529	37 196	45 774	51 551	57 792
江 西	8561	12 594	19 383	26 303	27 813	30 838	32 350	32 595
山 东	42 289	45 921	55 881	60 928	57 339	78 928	98 190	113 621
河 南	16 518	17 457	22 367	27 603	30 397	38 206	45 391	47 069
湖 北	17 315	19 574	22 244	28 003	35 149	44 035	54 807	59 771
湖 南	18 175	18 249	21 319	26 339	30 900	36 209	40 576	43 973
广 东	106 038	145 448	199 293	241 700	272 616	305 665	340 935	354 470
广 西	4613	5555	5428	6239	6373	7546	11 641	11 637
海 南	441	508	443	576	734	926	1613	1567
重 庆	20 239	17 511	17 269	18 049	16 650	19 736	22 240	26 245
四 川	21 912	21 685	26 687	26 277	29 678	34 536	41 236	41 462
贵 州	3782	4341	5344	5976	6919	7227	8372	9294
云 南	3751	4942	5389	6190	7611	9451	9467	11 139
西 藏	17	44	20	39	51	92	100	97
陕 西	7521	8142	9232	10 182	12 797	15 187	16 285	19 071
甘 肃	2230	2600	3102	3342	3393	3829	4645	5979
青 海	305	612	729	859	1088	1423	1354	1423
宁 夏	1429	1757	1978	2205	2885	3774	3935	4725
新 疆	2340	2546	3022	3568	3632	4427	5181	6164

数据来源：《中国科技统计年鉴》(2016—2023 年)。

表 A-10　规上工业企业发明专利申请数（2015—2022 年）

单位：件

地区	2015年	2016年	2017年	2018年	2019年	2020年	2021年	2022年
北　京	10 281	9392	10 119	10 386	11 543	13 078	15 589	19 310
天　津	6507	7300	5463	4939	4676	6060	5928	6294
河　北	3393	4120	4798	6067	8431	7543	8844	10 689
山　西	1303	1410	1632	2416	2543	3059	3664	3760
内蒙古	1031	1321	1733	1440	2050	2331	2725	3316
辽　宁	4131	4382	4994	5425	4995	6252	6614	7463
吉　林	787	1176	1231	1314	2386	2764	3187	7161
黑龙江	1752	1934	1648	1232	2060	2650	2769	2947
上　海	10 740	11 293	12 329	12 541	15 239	17 544	16 786	18 968
江　苏	41 744	49 229	45 719	55 944	57 429	62 892	65 806	73 525
浙　江	17 242	19 280	21 817	27 998	30 914	35 319	41 292	44 941
安　徽	19 967	23 322	24 394	26 175	22 975	27 083	30 230	32 625
福　建	6880	8162	8810	9850	11 025	12 934	15 516	18 491
江　西	2522	3290	3949	5216	5768	6949	8312	9714
山　东	19 621	22 769	28 448	31 329	21 948	27 413	31 824	36 935
河　南	5250	6197	7704	8911	8734	9899	10 345	11 898
湖　北	7227	9227	10 112	12 858	16 366	18 798	22 180	24 821
湖　南	7591	8021	9144	11 517	13 356	15 169	16 503	17 939
广　东	51 672	68 168	86 724	103 499	121 320	127 497	139 727	149 075
广　西	2005	2660	2502	2559	2634	2803	4878	4615
海　南	312	360	267	249	269	411	729	691
重　庆	6758	5392	5149	6198	5565	6300	7362	11 091
四　川	8085	8523	10 335	10 705	11 250	13 439	14 847	16 085
贵　州	1953	2021	2542	2611	2985	3475	3850	4220
云　南	1493	1878	1891	2038	2665	3131	2996	3481
西　藏	14	15	12	15	32	29	31	35
陕　西	3036	3360	3939	4436	5593	6445	6708	8019
甘　肃	698	814	1052	1207	1292	1229	1526	1855
青　海	144	285	271	321	438	494	467	653
宁　夏	761	909	937	929	1087	1408	1346	1516
新　疆	788	777	961	1244	1234	1671	2008	2482

数据来源：《中国科技统计年鉴》（2016—2023）年。

表 A-11　规上工业企业有效发明专利数（2015—2022 年）

单位：件

地区	2015年	2016年	2017年	2018年	2019年	2020年	2021年	2022年
北京	23749	28290	34497	42851	48656	55261	70538	77167
天津	17422	22021	22346	23407	20856	24945	26326	28517
河北	7740	13074	14750	18762	21487	28135	34240	38203
山西	4468	5350	6567	7917	8619	10218	12336	12861
内蒙古	2175	3103	3837	3909	5491	5799	6847	7911
辽宁	10372	14188	19028	21089	22848	28788	31740	38171
吉林	2649	3395	3518	4612	4853	6696	7109	8925
黑龙江	3351	4716	5760	4708	6232	8260	9611	10591
上海	30815	37513	43416	47940	53559	62147	66509	81347
江苏	85485	117912	140346	176120	180893	224512	242423	299124
浙江	31642	38661	49158	62341	75770	93159	120873	146012
安徽	28568	41791	49810	56296	54798	70467	78480	91651
福建	12424	18514	24222	29543	34668	44702	45695	55076
江西	4765	6993	10806	11878	13328	18715	21690	24847
山东	33785	45917	56076	63496	67896	78926	103410	130077
河南	11305	15863	19457	23857	30245	36500	42849	45993
湖北	16965	23972	25568	32421	38000	49197	61986	81317
湖南	19087	22315	26697	33659	39642	39805	46937	58360
广东	177047	236918	289238	328467	375515	435509	511717	572589
广西	3731	6010	6557	6846	8176	8667	14995	12721
海南	1378	1657	1656	1258	1501	1875	2348	2873
重庆	6328	8585	12472	17579	18281	20650	24388	27681
四川	17601	24065	32598	35959	39658	42114	48898	57722
贵州	4096	5411	6805	6544	7740	8487	9357	10342
云南	4605	5880	6510	6466	10131	9515	11021	14054
西藏	90	115	96	82	156	185	227	314
陕西	7506	11520	14806	16892	18774	21932	24226	27942
甘肃	1884	2427	2796	3208	3413	4017	4842	5733
青海	271	393	399	559	760	1061	1224	1740
宁夏	908	1248	1633	2282	2777	3126	3397	4012
新疆	1553	2030	2565	3252	3351	4580	5670	7225

数据来源：《中国科技统计年鉴》（2016—2023 年）。

表 A-12　规上工业企业技术改造经费支出（2015—2022 年）

单位：万元

地区	2015 年	2016 年	2017 年	2018 年	2019 年	2020 年	2021 年	2022 年
北　京	420 616	577 165	671 225	679 992	326 716	494 835	273 207	96 153
天　津	318 582	276 506	363 736	461 457	326 552	364 086	363 723	283 354
河　北	1 236 018	1 059 852	1 262 379	1 141 717	1 048 086	802 231	979 088	848 477
山　西	738 702	455 321	527 376	475 317	646 952	857 910	914 069	913 373
内蒙古	411 363	232 073	248 334	234 241	217 753	324 295	368 702	644 807
辽　宁	1 312 132	1 127 776	1 046 231	1 474 508	1 012 012	971 320	1 306 288	1 031 565
吉　林	286 305	414 559	262 979	253 802	3 897 277	155 310	386 165	365 977
黑龙江	302 352	236 234	221 465	310 157	329 838	315 995	272 304	212 553
上　海	1 220 555	1 415 542	1 616 021	1 851 877	1 960 969	1 942 461	1 501 674	2 027 306
江　苏	5 072 045	5 219 506	4 696 552	4 022 808	3 562 772	3 584 747	4 496 714	4 554 959
浙　江	2 337 173	1 918 982	1 855 348	2 271 587	2 033 199	2 360 265	2 423 458	2 978 643
安　徽	1 433 247	1 431 415	1 554 425	1 899 775	1 952 119	2 298 691	2 643 079	3 001 962
福　建	1 063 024	1 924 895	1 939 794	1 635 421	1 221 036	1 149 628	1 662 429	1 307 739
江　西	639 762	586 184	537 309	690 670	725 241	877 391	974 141	939 362
山　东	2 766 532	2 407 348	2 577 329	2 362 576	2 316 033	2 216 001	2 997 797	3 223 109
河　南	1 050 162	1 093 662	1 053 359	1 140 383	1 062 054	915 635	1 277 019	979 335
湖　北	885 973	551 678	729 899	876 807	1 088 146	1 298 507	1 805 338	2 322 271
湖　南	2 677 788	2 294 004	2 281 336	1 461 345	1 526 901	1 262 386	1 357 285	1 551 705
广　东	1 720 249	2 049 895	3 141 214	4 528 763	5 646 327	6 688 885	6 126 963	5 413 362
广　西	915 924	795 169	789 279	634 776	1 748 773	1 792 211	718 808	1 156 414
海　南	17 946	14 925	24 883	13 134	16 687	23 547	41 399	47 150
重　庆	630 284	706 714	628 000	399 077	723 308	702 369	635 349	626 258
四　川	959 664	814 649	852 742	1 000 711	1 111 248	1 108 553	1 567 248	1 457 667
贵　州	820 135	712 956	461 488	477 124	482 822	392 514	908 263	809 442
云　南	347 975	287 701	353 495	403 347	699 957	650 122	562 206	519 244
西　藏	539	140	12	22	11	—	1269	2307
陕　西	569 154	575 946	456 105	489 438	486 569	465 810	500 775	480 543
甘　肃	571 814	476 440	375 682	418 409	518 759	529 369	652 395	799 478
青　海	88 365	53 125	57 442	31 714	70 062	61 041	24 133	27 544
宁　夏	256 466	232 239	318 648	447 412	417 002	342 586	424 578	594 429
新　疆	405 597	223 461	129 709	245 751	226 350	218 080	276 488	467 359

数据来源：《中国科技统计年鉴》（2016—2023 年）。

表 A-13 贵州高新技术企业数（2015—2022 年）

单位：个

地区	2015年	2016年	2017年	2018年	2019年	2020年	2021年	2022年
贵阳市	216	290	434	775	1068	1235	1198	1300
六盘水市	6	7	12	30	39	129	46	56
遵义市	83	93	121	153	206	211	225	238
安顺市	21	28	32	50	77	109	114	118
毕节市	4	6	11	18	40	48	42	44
铜仁市	10	12	14	22	40	49	43	40
黔西南州	10	9	10	29	25	45	29	34
黔东南州	11	15	22	32	45	28	51	52
黔南州	20	18	41	64	104	43	113	120
总计	381	478	697	1173	1644	1897	1861	2002

数据来源：《贵州科技统计年鉴》（2016—2023 年）。

表 A-14 贵州规上工业企业中有 R&D 活动企业数（2015—2022 年）

单位：万元

地区	2015年	2016年	2017年	2018年	2019年	2020年	2021年	2022年
贵阳市	110	132	193	200	198	193	242	394
六盘水市	19	33	33	77	51	71	97	108
遵义市	60	76	155	149	212	227	261	284
安顺市	12	18	39	34	65	122	163	138
毕节市	9	23	65	52	97	62	89	84
铜仁市	43	69	92	81	90	54	72	95
黔西南州	8	106	157	162	160	184	160	51
黔东南州	10	149	93	57	74	79	135	133
黔南州	14	44	119	136	131	275	372	204
总计	285	650	946	948	1078	1267	1591	1491

数据来源：《贵州科技统计年鉴》（2016—2023 年）。

表 A-15　贵州规上工业企业中有研发机构的企业数（2015—2022 年）

单位：万元

地区	2015年	2016年	2017年	2018年	2019年	2020年	2021年	2022年
贵阳市	55	68	78	93	95	95	102	116
六盘水市	13	19	11	30	32	26	43	27
遵义市	34	47	49	63	73	108	105	85
安顺市	10	8	14	11	35	80	54	27
毕节市	10	9	23	32	25	21	13	28
铜仁市	32	32	41	25	57	26	11	41
黔西南州	5	71	77	107	117	109	48	8
黔东南州	6	105	47	17	21	30	23	20
黔南州	5	13	28	28	65	108	46	27
总计	170	372	368	406	520	603	445	379

数据来源：《贵州科技统计年鉴》（2016—2023 年）。

附录 A 企业主要创新指标

表 A-16 贵州规上工业企业 R&D 人员

地区	2015年		2016年		2017年		2018年		2019年		2020年		2021年		2022年	
	R&D人员/人	R&D人员折合全时当量/人年	R&D人员/人	R&D人员折合全时当量/人年	R&D人员/人	R&D人员折合全时当量/人年	R&D人员/人	R&D人员折合全时当量/人年	R&D人员/人	R&D人员折合全时当量/人年	R&D人员/人	R&D人员折合全时当量/人年	R&D人员/人	R&D人员折合全时当量/人年	R&D人员/人	R&D人员折合全时当量/人年
贵阳市	9974	5718	9978	5796	11237	6705	11167	6517	11990	8035	12369	8468	12772	8342	42286	24486
六盘水市	4761	2846	4595	2834	2464	1388	4205	2576	4760	2900	5621	3396	6357	3355	9252	4201
遵义市	3429	2590	3778	2171	5048	3330	6387	2698	4070	2469	6504	3871	7683	4433	11667	6001
安顺市	2709	2569	1656	1071	1985	1331	1763	1234	2357	1545	3943	2738	4553	2565	4788	2782
毕节市	219	150	519	294	1635	1063	1816	927	2245	1281	1079	669	1524	819	3381	1983
铜仁市	543	397	826	391	1439	547	1246	456	1034	620	894	607	1365	772	3161	1432
黔西南州	133	70	3454	1500	5850	2385	8444	3878	7514	4056	5283	2780	3828	1866	1826	992
黔东南州	188	153	1743	1014	988	666	1059	727	1488	956	1380	965	1832	1104	3189	1569
黔南州	509	423	1128	704	1970	1372	1599	1027	2186	1301	4207	2768	4585	3460	4488	2655
总计	22465	14916	27677	15775	32616	18787	37686	20040	37644	23163	41280	26262	44499	26716	84038	46101

数据来源:《贵州科技统计年鉴》(2016—2023年)。

表 A-17　贵州规上工业企业 R&D 经费内部支出（2015—2022 年）

单位：万元

地区	2015 年	2016 年	2017 年	2018 年	2019 年	2020 年	2021 年	2022 年
贵阳市	196 687.8	229 783.6	277 372.6	261 686.5	324 287.1	356 152.2	464 693.9	1 027 941.2
六盘水市	61 472.3	66 911.2	35 823.8	97 934.9	101 433.1	115 549.4	120 906.2	173 078.2
遵义市	79 652.3	78 683.7	84 883.9	114 848.7	97 850.1	152 389.8	179 639.0	236 142.6
安顺市	76 840.6	31 817.7	39 287.1	47 492.4	70 243.7	87 761.4	101 471.2	107 579.5
毕节市	8040.3	13 380.0	34 433.9	36 701.6	43 680.3	28 210.3	27 237.2	53 403.4
铜仁市	17 765.3	24 352.5	35 840.9	41 697.2	56 942.2	38 351.2	63 483.3	110 929.3
黔西南州	6260.4	34 747.9	69 034.3	87 034.6	111 107.5	119 062.1	94 362.4	58 371.4
黔东南州	1892.5	43 530.0	26 903.4	40 126.9	30 140.9	28 783.6	33 908.4	43 200.1
黔南州	8691.6	33 645.9	44 996.2	34 756.9	74 521.1	127 313.9	124 865.3	113 126.8
总计	457 303.1	556 852.5	648 576.1	762 279.7	910 206.0	1 053 573.9	1 210 566.9	1 923 772.5

数据来源：《贵州科技统计年鉴》（2016—2023 年）。

附录 A 企业主要创新指标

表 A-18 贵州规上工业企业专利情况（2015—2022 年）

单位：件

地区	2015年		2016年		2017年		2018年		2019年		2020年		2021年		2022年	
	专利申请数	有效发明专利数	专利申请数	有效发明专利数	专利申请数	有效发明专利数	专利申请数	有效发明专利数	专利申请数	有效发明专利数	专利申请数	有效发明专利数	专利申请数	有效发明专利数	专利申请数	有效发明专利数
贵阳市	2165	2470	2084	3438	2719	3615	3195	3736	3905	3968	3638	4633	4396	5129	2715	5699
六盘水市	274	69	183	100	167	129	353	136	349	231	339	374	526	294	94	346
遵义市	657	594	649	550	874	1271	1091	997	1025	1102	1123	1161	1281	1388	577	1452
安顺市	301	343	244	302	409	555	511	657	637	758	707	672	711	726	298	912
毕节市	12	29	39	32	193	118	147	117	101	127	160	65	293	198	91	152
铜仁市	140	53	98	136	228	232	182	68	209	235	255	322	211	231	118	332
黔西南州	30	76	72	75	105	109	188	111	174	228	232	202	128	215	80	265
黔东南州	101	42	226	126	278	119	128	131	146	206	209	184	275	368	62	338
黔南州	102	420	746	652	371	657	181	591	373	885	564	874	551	808	185	846
总计	3782	4096	4341	5411	5344	6805	5976	6544	6919	7740	7227	8487	8372	9357	4220	10342

数据来源：《贵州科技统计年鉴》（2016—2023 年）。

表 A-19 贵州新产品销售收入（2015—2022 年）

单位：万元

地区	2015 年	2016 年	2017 年	2018 年	2019 年	2020 年	2021 年	2022 年
贵阳市	2 138 579.2	3 167 922.4	2 817 518.0	2 436 831.3	3 158 173.6	3 314 743.0	4 223 653.2	6 040 925.2
六盘水市	131 051.4	192 098.9	276 247.1	426 799.0	362 512.8	390 376.5	258 019.0	418 342.2
遵义市	713 354.0	1 244 588.7	1 365 657.4	2 154 093.4	1 866 556.6	2 289 510.3	2 792 348.2	3 633 460.7
安顺市	448 333.8	284 540.6	471 917.3	631 060.5	572 520.8	749 039.5	676 526.3	678 276.5
毕节市	15 468.6	37 410.3	16 822.3	68 604.4	122 591.4	58 995.3	83 346.1	173 082.6
铜仁市	108 665.1	69 855.2	135 710.3	116 890.7	168 259.4	417 544.1	673 201.2	823 740.6
黔西南州	2345.2	152 492.2	318 286.3	615 415.8	901 322.0	554 568.2	342 315.8	382 518.3
黔东南州	12 060.5	262 444.5	111 289.1	333 245.1	192 710.2	213 165.2	179 650.1	91 201.5
黔南州	374 976.6	340 649.5	542 120.1	686 973.9	843 654.9	772 990.3	978 616.3	1 357 068.2
总计	3 944 834.4	5 752 002.3	6 055 567.9	7 469 914.1	8 188 301.7	8 760 932.4	10 207 676.2	13 598 615.8

数据来源：《贵州科技统计年鉴》（2016—2023 年）。

表 A-20 贵州技术改造经费支出（2015—2022 年）

单位：万元

地区	2015 年	2016 年	2017 年	2018 年	2019 年	2020 年	2021 年	2022 年
贵阳市	213 161.5	290 595.9	150 978.0	200 989.1	154 238.7	110 911.2	181 651.9	178 574.0
六盘水市	139 702.6	63 224.9	90 726.2	102 155.6	82 738.1	68 340.6	49 489.9	115 273.6
遵义市	327 051.9	266 488.0	6126.5	21 708.4	29 723.6	55 596.1	524 153.4	323 566.5
安顺市	15 883.0	9367.0	39 357.6	21 165.3	37 838.9	32 157.5	31 691.1	41 294.4
毕节市	2964.3	6057.0	14 089.5	16 459.8	9822.5	352.3	4071.1	3497.2
铜仁市	2596.1	2084.3	2113.2	1528.0	3693.3	1349.2	1316.5	3141.1
黔西南州	2863.3	46 439.3	57 084.8	71 521.8	108 760.4	57 530.9	54 196.9	23 322.9
黔东南州	490.2	4661.0	16 246.2	287.7	230.8	186.4	193.4	192.0
黔南州	115 421.8	24 038.6	84 766.4	41 308.2	55 776.0	66 090.0	61 498.7	120 580.2
总计	820 134.7	712 956.0	461 488.4	477 123.9	482 822.3	392 514.2	908 262.9	809 441.9

数据来源：《贵州科技统计年鉴》（2016—2023 年）。

附录B　各省（自治区、直辖市）企业研发投入激励政策综述

1.《天津市企业研发投入后补助办法》

2021年天津市科技局、市财政局、市税务局联合出台了《天津市企业研发投入后补助办法》（简称《办法》），旨在深入实施创新驱动发展战略，贯彻落实科技创新"十四五"规划和三年行动计划，围绕天津"制造业立市"的战略定位，聚焦聚力新动能引育和"1+3+4"现代工业产业体系发展，引导企业加大研发投入，提升创新能力，强化创新主体地位，支撑先进制造研发基地建设。

本《办法》对研发投入后补助的定义做出明确规定，是指依据企业上一年度享受税前加计扣除的研发费用数额，按一定比例对企业择优给予补助。同时规定需满足4个条件的企业可申报后补助。一是天津市内注册，具有独立法人资格企业或纳入国家统计局联网直报平台填报研发统计报表的非法人组织；二是未被列入失信行为记录；三是企业上一年度所得税汇算清缴已享受研发费用加计扣除政策；四是如企业是纳入国家科技统计调查的企业，在满足上述3个条件的基础上，还须按照统计部门要求如实填报企业上一年度研发统计年报报表。

本《办法》对补助资金分配和择优支持规则做出详细规定：年度资金总额由"雏鹰"企业、规上企业和规下企业三部分补助资金组成。其中，"雏鹰"企业不参加排序均可获得补助资金支持；按照规模以上企业和规模以下企业获得补助的机会均等的原则，确定规上企业择优补助资金总额和规下企业择优补助资金总额。对于综合排名靠前的规上企业和规下企业分别进行补助资金加和，资金加和在择优补助资金总额范围内的企业可以获得补助资金支持。企业获得的最终补助额 = 基础补助额 + 增量补助额。单个企业获得的最终补助额最高不超过500万元。

最后，本《办法》对企业填报数据真实性承诺提出要求，并规定了企业填报虚假数据的处罚。

2. 河北省——《推动企业加大研发投入若干措施》

河北省科技厅、省国资委、省税务局、省发展改革委、省工业和信息化厅、省商

务厅、省财政厅、省统计局于 2022 年 7 月 28 日联合发布《推动企业加大研发投入若干措施》(简称《措施》),是一项旨在激发企业创新活力和提高研发投入水平的政策,针对不同类型的企业提出了具体的支持和发展措施。该《措施》包括以下几个重要方面:

《措施》通过增强科技企业孵化器和公共服务平台的综合服务能力,推动中小企业与行业领先企业的协同创新。目标是每年新增 800 家以上的国家级科技型中小企业,并致力于到 2025 年达到 1.5 万家高新技术企业的增长。

在国有企业方面,该《措施》通过"三年上、五年强"专项行动强调刚性研发投入增长机制和创新项目建设机制的重要性,目的是提升这些企业的研发投入和市场竞争力。此外,该《措施》还建立了与企业领导人员薪酬和奖惩直接相关的研发创新考核激励机制。

在财政资金引导方面,《措施》提出创新的资金支持方式,例如"揭榜挂帅"和"赛马争先",以及建立研发导向的项目平台支持机制,以鼓励企业参与国家和省级科技计划项目。《措施》中还特别强调了加计扣除政策的重要性,通过建立应享未享台账,加强政策宣讲,构建全方位的科技服务体系,以及实施"多投多补"的激励机制来鼓励企业增加研发投入。此外,《措施》还包括了为研发投入增长快的企业提供优先服务的高效科技服务体系,强化差异化精准服务,并推动研发辅助账的普及。该《措施》通过创新工作机制和强化考核激励,如部门协同和省市县联动,以及定期发布统计公报,来确保科技创新工作的有效实施和持续进步。

总体而言,该《措施》通过多元化的支持措施,旨在提高企业的研发投入和创新能力,加快科技强省的建设。通过具体的激励机制和服务体系,期望实现企业自主创新和科技进步,进而推动区域经济高质量发展。

3.《关于印发山西省支持科技创新若干政策的通知》

山西省人民政府办公厅 2017 年 11 月 13 日发布了《关于印发山西省支持科技创新若干政策的通知》,这些政策旨在推进科技创新为核心的全面创新,助力发展动能向创新驱动转变。

首先,《措施》鼓励企业加大研发投入,对研发经费投入强度高的企业给予最高 400 万元的奖励,并鼓励政府与企业、高校、科研院所共同建立联合研究基金。其次,《措施》支持重大关键技术攻关,对承担国家重大科技项目的单位提供奖励,同时对获得国家级科学技术奖项的项目进行配套奖励。此外,为支持科技成果转化产业化,《措施》规定对在省内转化科技成果的企业及其技术输出方给予补助,同时对高校、科研院所与企业联合设立的科技型企业给予奖励,还鼓励科技成果转化中介服务机构与高校、科研院所合作。在推进高新技术企业、高新技术产业开发区建设方面,《措施》对通过高新技术企业认定的企业和新获批的高新区给予奖励。针对大众创业、万众创新的支持，《措施》规定对新认定的科技企业孵化器和众创空间给予奖励，同时通过科技创新券支持科技型中小企业购买创新服务。为推进创新平台建设和大型科学仪器设备资源共享共用，《措施》提供资金支持新建的国家级和省级重点实验室、工程技术研究中心等。在支持科技人才团队创新创业方面，《措施》给予科技团队建设经费支持，并针对融资成功的科技项目提供贴息奖励。在强化知识产权创造、保护和运用方面，《措施》提供发明专利授权资助，并支持专利质押融资的企业。

最后，《措施》重点推进县域创新驱动发展，加强政策和项目支持，奖励创新型县（市、区）建设，并对在全省经济转型升级考核中表现突出的地区给予奖励。该《措施》的实施，将显著推动山西省的科技创新，加快经济结构转型，培育新的经济增长点，为区域经济转型升级和创新型省份建设提供有力支持。

4.《内蒙古自治区研发投入攻坚行动实施方案（2021—2025年）》

《内蒙古自治区研发投入攻坚行动实施方案（2021—2025年）》（简称《方案》）由内蒙古自治区人民政府办公厅于2021年7月28日发布，展现了自治区政府在加快提升科技创新能力方面的坚定决心。该方案围绕"科技兴蒙"行动，设定了明确的目标：在"十四五"时期，实现全社会研发经费投入年均增长20%，并计划到2025年将全社会研发经费投入规模提升至约370亿元。这一目标不仅体现了自治区政府对科技创新重要性的认识，也是推动高质量发展的关键步骤。

为达成这一目标，《方案》细化了一系列具体的政策措施。政府在其中扮演着引导者的角色，通过增加研发投入、建立政府投入刚性增长机制，确保政府资金年均增长超过20%。同时政府还将优化科技资金支出结构，加强创新导向，建立符合创新规律的科研项目和资金管理机制，从而提供稳定且有效的资金支持。

企业作为创新的主体，同样在《方案》中占有重要位置。《方案》强调了企业在创新过程中的主导作用，并鼓励企业增加自身的研发投入。为此，制定了一系列措施，包括实施高新技术企业、科技型中小企业的"双倍增"行动，目标是到2025年分别使这两类企业的数量达到2000家和4000家。此外，还包括对企业的各种激励措施，如研发准备金制度、税收优惠、研发费用加计扣除等，以及在融资担保、信贷支持和直接融资方面的具体支持。

《方案》还特别强调了激励和引导的重要性，提出要在支持企业研发活动、培育高新技术企业、改革科技项目形成机制等方面加大力度。这包括优化创新平台载体布局，构建开放合作的大格局，以促进技术和知识的交流与合作。

组织保障方面，《方案》提出加强组织领导、责任落实、统计监测与考核评价等措施，以确保研发投入攻坚行动的各项任务目标顺利实现。这些措施共同构成了一个全面的策略，旨在通过政府引导和企业主体的双重作用，大力提升内蒙古自治区的研发能力和创新水平。

综合来看，这一《方案》通过明确的目标设定、具体的政策措施和强有力的组织保障，全面推动内蒙古科技创新的快速发展。通过这一《方案》的实施，预期将有效缩小内蒙古与全国平均水平的差距，为该地区的经济发展注入新的动力，形成一个更加活跃和创新的科技生态系统。

5.《辽宁省企业 R&D 经费投入后补助实施细则（修订）》

2019 年，辽宁省科技厅会同省财政厅、省税务局和省统计局制定了《辽宁省企业 R&D 经费投入后补助实施细则（修订）》，旨在更好地发挥财政资金的引导作用，进一步激励企业加大研发经费（R&D 经费）投入。

该政策明确了企业 R&D 经费投入后补助的定义及预算规模和资金安排。并对补助内容做出规定：一是 R&D 经费后补助的对象，是辽宁省境内纳入国家统计局 R&D 经费统计调查范围的规上工业法人单位，特级、一级总承包、专业承包建筑业法人单位和大中型部分服务业法人单位。二是 R&D 经费投入后补助资金支持额度和方式，对企业 R&D 经费增量可按照比例法、区间定额法等方式进行安排。比例法一般是按照企业 R&D 经费核定增量的 2%～10% 予以奖励后补助，最高不超过 500 万元。区间定额法一般是根据核定的 R&D 经费增量区间，设定定额补助额度，最高不超过 500 万元。三是 R&D 经费投入后补助程序，首先由省统计局确定规上工业企业年度 R&D 经费增量企业分布情况，省科技厅据此会同省财政厅研究制定年度 R&D 经费投入后补助分配方案；其次根据年度 R&D 经费投入后补助分配方案和年度 R&D 经费增量企业分布情况，省科技厅会同省统计局核定获得年度 R&D 经费投入后补助企业名单，并向社会公示，无异议，省科技厅予以确认；最后省科技厅制定年度 R&D 经费投入后补助资金安排计划，由省科技厅通过国库集中支付系统将资金拨付有关企业。

6.《吉林省企业 R&D 投入引导计划实施办法（试行）》

2020 年 12 月，吉林省科技厅、省财政厅、省市场监管厅、省税务局、省统计局联合印发《吉林省企业 R&D 投入引导计划实施办法（试行）》（简称《办法》），旨在"十四五"期间，对符合条件的企业研究与开发费用（R&D 投入）给予财政补助资金，引导和鼓励企业加大 R&D 经费投入，推动企业研发投入实现"跃升"，提升自主创新能力和创新水平。为确保企业 R&D 投入补助工作公开、公平、准确、有序，切实发挥财政资金的"杠杆"作用，实现效益最大化，省科技厅、省财政厅、省市场监管厅、省税务局、省统计局共同组织实施企业 R&D 投入引导计划。

该《办法》对补助对象、补助办法、工作程序、资金管理做出了具体规定。一是在补助对象上，向创新意识强和研发投入多的企业倾斜。二是在补助方法上，采取增量补助和存量补助并行的方式。一方面中小微企业补助按企业R&D投入增量核定，具体补助额度采用分段超额累退比例法计算：增量超过50万（含）~500万元（含）的部分，补助比例不超过3%；超过500万~2000万元（含）的部分，补助比例不超过2%；超过2000万~5000万元（含）的部分，补助比例不超过1%；5000万~10 000万元（含）的部分，补助比例不超过0.5%；超过10 000万元的部分，补助比例不超过0.3%。另一方面，大型企业补助按企业R&D投入增量和总额核定。①增量（或减量）超过50万元（含）以上的，具体补助额度按照中小微企业增量补助核定方法计算。②总额（不含增量）500万（含）~5000万元（含）的，补助额度不超过10万元；5000万~10 000万元（含）的，补助额度不超过30万元；10 000万~50 000万元（含）的，补助额度不超过50万元；50 000万元以上的，补助额度不超过70万元。对比上一年度，企业R&D投入增量为负数的，增量补助额为负数。企业最终补助额度为增量部分补助额度加总额部分补助额度之和，合计数为负数的，补助数额为零。单个企业补助金额按舍去原则精确到千元。三是在补助方式上，采取了"免申即享"的方式。采用相关部门利用各自掌握的企业相关数据信息分别进行审核筛查的方式，剔除不符合支持条件的企业。对符合支持条件的企业"免申即享"，即直接下达补助计划、直接给予企业补助支持。减少了企业申报、地区推荐、专家评议、部门立项等环节，减轻了企业负担，提升了工作效率和质量。

7.《黑龙江省科技型企业研发费用投入后补助实施细则》

黑龙江省科技厅与省财政厅于2018年7月3日发布《黑龙江省科技型企业研发费用投入后补助实施细则》（简称《细则》），旨在鼓励全省科技型企业增加研发投入，从而推动技术创新和高新技术成果的产业化。这一政策是为实施国家创新驱动发展战略、加快创新型省份建设、促进区域经济转型升级而制定的。

政策的支持范围主要针对在黑龙江省内注册的企业，特别是高新技术企业和进入"全国科技型中小企业信息库"的企业。补助的条件包括企业需在黑龙江省设立并具有良好的信用记录，同时符合高新技术企业或科技型中小企业的相关标准。核算依据及支持方式部分，政策采用后补助方式对企业研发费用进行支持。具体补助金额按照企业研发投入额度的一定比例给予，最高不超过300万元。在工作程序及资金拨付方面，政策规定了省科技厅、省财政厅联合发布拟支持企业名单和经费支出数额清单，各市（地）科技部门会同财政部门对清单进行核实、确认并报送，省科技厅会同省财政厅核定后，向社会公示并拨付资金。监督与管理部分明确指出，后补助资金应主要用于企业的研发活动，实行专账管理、单独核算。若企业通过不正当手段获取补助资金，将收回补助并记录入科技诚信"黑名单"，必要时追究法律责任。

该《细则》的实施，旨在激励更多企业加大研发投入，加速科技创新和成果转化，为黑龙江省的经济发展注入新动力。通过这样的激励措施，预期可以促进省内科技型企业快速发展，为地区经济转型升级提供强有力的技术支撑。

8.《浙江省全社会研发投入提升专项行动方案》

浙江省科技领导小组办公室于2019年11月25日发布了《浙江省全社会研发投入提升专项行动方案》（简称《方案》）。该《方案》是一项综合性的政策举措，旨在通过全面加速科技创新，推动高质量发展。该《方案》深入贯彻习近平新时代中国特色社会主义思想，并全面落实习近平总书记关于科技创新的重要论述。通过省、市、县三级联动和多部门协同推进，《方案》强调了政府引导和服务的作用，旨在激发企业、高校、科研院所等创新主体和社会力量的创新投入积极性，以此大幅提升浙江省的自主创新能力。

《方案》的工作目标是到2022年全社会研究与试验发展（R&D）经费支出总量突破2479亿元，R&D经费占地区生产总值比重达到3.0%，从而显著提升科技创新的综合实力，并加速建成创新型省份。这其中包括提高规上工业企业的R&D经费占比，优化投入结构，并提高研发投入的绩效。

在工作任务方面，《方案》细分为4个部分。首先，进一步强化企业在研发投入中的主体地位，包括发展创新型企业、提高企业R&D活动的覆盖面，并建设高水平的企业研发机构。其次，努力扩大高校和科研院所的有效研发投入，这包括激励高校院所加大研发投入，加快培育引进大院名所，以及加快完善实验室体系。再次，聚焦于加大金融和社会资本对研发的支持力度，包括引导社会资本投入研发和大力支持科技型企业上市。最后，政府将充分发挥引导激励作用，包括加大财政研发投入力度和建立研发导向的激励机制。

《方案》还包括一系列保障措施，以确保政策目标的顺利实现。这些措施包括加强组织领导，开展比学赶超，加强考核评价，并提升服务水平。各市、县（市、区）政府和省级相关部门将承担起推进工作的责任，确保研发经费提升工作得到有效实施。

整体而言，这一专项行动方案展示了浙江省对科技创新的高度重视，并通过明确的目标、细化的任务和有力的保障措施，为建设创新型省份奠定了坚实基础。

9. 安徽省——《关于组织开展2021年度R&D经费支出"双百强"规上企业奖励政策兑现的通知》

安徽省科技厅于2021年6月18日发布的《关于组织开展2021年度R&D经费支出"双百强"规上企业奖励政策兑现的通知》，是一项旨在深入实施创新驱动发展战略并支持实体经济的重要政策。该通知的主要内容和要求如下。

该政策针对在安徽省内注册、实际运营且具有独立法人资格的规上企业，要求企业的年度R&D经费支出达到500万元及以上。符合条件的企业将有机会获得50万元的奖励，这包括R&D经费支出排名前100和研发经费支出强度排名前100的企业。如果企业在这两个排名中都位列前100，则以R&D经费支出强度的排名为准，且同一企业不重复享受奖励。申报企业需提交保证材料真实性的承诺书和上年度研发经费、主营业务收入的证明。申报过程要求企业通过"安徽省科技创新云服务平台——科技管理信息系统"在线填报信息并上传相关附件。

各市科技局负责审核推荐，并将推荐文件及汇总表送至省政务中心科技厅窗口。不同类别的市区按不同数量推荐企业：一类市推荐100家，二类市推荐50家，三、四类市推荐30家。上年度社保为零或2019年、2020年所得税为零的企业，原则上不予推荐，除非有相应的说明和税务部门的证明。各市科技局还需在"信用中国""信用安徽""国家企业信用信息公示系统"中对申报单位的信用情况进行核查，确保申报单位和法定代表人无信用问题。

该政策的实施对于鼓励企业加大研发投入，促进科技创新，提升企业核心竞争力，推动安徽省经济高质量发展具有重要意义。通过这种方式，安徽省政府旨在构建更加优化的创新环境，推动科技与经济的深度融合。

10.《福建省企业研发经费投入分段补助实施细则（2020—2022年）》

2020年，福建省科技厅和省财政厅制定了《福建省企业研发经费投入分段补助实施细则（2020—2022年）》（简称《细则》），旨在鼓励和支持企业加大研发经费投入，推进供给侧结构性改革。

《细则》规定仅适用于企业研发经费投入分段补助，一是分段补助对象及资金使用范围：在全省设立的当年度研发经费内部支出应达50万元（含）以上的规上企业和规下高新技术企业；二是分段补助资金使用：用于资助企业的后续研发、平台建设、研发团队和科研管理人员奖励等，采用后补助的支持方式；三是分段补助的测算依据：企业上年度研发经费支出额（扣除政府部门投入研发经费），以及同口径较前一年度研发费用支出的增长额。分为预补助和年度研发经费补助（清算）两种。其中，预补助分为年中研发经费预补助和高研发经费预补助。年中研发经费预补助仅限于上年度研发经费投入1亿元（含）以上的企业申报，按上年度核定补助额实行预补助。高研发经费预补助，仅限于本年度单项研发经费投入1000万元以上的企业申报，采用"一事一议"方式，随时申请补助；年度研发经费补助（清算）分为基础补助、增长额补助和激励补助。基础补助是年度研发经费支出额不足1000万元的，按研发经费支出额的5%计算补助经费。年度研发经费支出额超过1000万元（含）、不足2000万元的，对其中1000万元给予50万元补助；超出1000万元的部分，按超出部分的4%给予补助经费。年度研发经费支出额超过2000万元（含）以上的，对其中2000万元给予90万元补助；超出2000万元的部分，按超出部分的2%给予补助经费。增长额补助是按照企业年度研发经费支出较上年度增加额的6%给予补助经费。激励补助是对企业年产值在5000万元以上、税收1000万元以上且研发经费内部支出占主营业务收入比重超过5%的高研发投入企业,在享受已有研发经费分段补助政策的基础上,按其研发经费内部支出超出上年度的增量部分,再给予10%的奖励,最高奖励500万元。

《细则》规定了研发补助程序,包括企业通过系统申报、材料审核与现场查证。规定了研发经费投入分段补助审核工作由申请企业所得税归属地科技部门负责,补助资金由省、设区市(含平潭综合实验区)、县(市、区)按3∶3∶4比例分级承担,并规定了资金拨付程序已经资金使用要求、监督检查等内容。

11.《山东省企业研究开发财政补助实施办法》

《山东省企业研究开发财政补助实施办法》(简称《办法》),由山东省科技厅、山东省财政厅、国家税务总局山东省税务局于2022年6月11日联合发布。旨在进一步优化科技资源配置,激励企业加大研发投入,从而支持科技型企业的高质量发展。

《办法》规定了研发活动的定义,包括企业为获取新科学技术知识、创新性应用科学技术知识或实质性改进技术、产品、工艺而进行的持续性、系统性活动。具体的研发费用范围包括人员工资、直接投入材料、设备折旧、无形资产摊销、试验费用等。《办法》明确了财政补助的对象和条件。补助对象主要是山东省内(不含青岛市)的高新技术企业或国家科技型中小企业信息库入库企业。这些企业需满足一定的销售收入和研发投入比例标准,包括年销售收入2亿元以上企业的研发投入需较上年度增加且占当年销售收入的4%(含)以上;年销售收入2亿元以下的企业,研发投入需占销售收入的6%(含)以上。

补助标准方面,《办法》规定了不同销售收入规模企业的补助比例,最高不超过5%。对于集成电路领域的企业,补助比例为10%。单家企业年度最高补助为500万元。补助流程包括省税务局向省科技厅共享企业研发费用加计扣除政策申报情况,市级科技部门组织企业通过山东省科技云平台补充、确认信息,审核上报后由省科技厅核对确认,并在网站公示后下达补助计划。

监督与管理方面,省科技厅和省财政厅负责共同管理补助资金,各级科技部门和财政部门负责监督管理,税务部门负责指导企业使用研发费用加计扣除政策。政策鼓励补助资金主要用于关键共性技术、新材料、新工艺、新产品开发等技术创新活动。获得补助的企业应加强对资金的使用管理,并持续加大研发投入。

最后,各市科技、财政、税务部门被鼓励制定本市的企业研究开发财政补助实施办法,并引导企业增加研发投入。对于违法违规套取补助资金的企业及相关责任人,将按照相关规定追究责任并追回财政补助资金。总体来说,希望通过财政补助激励企业增加研发投入,加快科技创新步伐,推动山东省经济高质量发展。

12. 河南省——《关于加快构建一流创新生态建设国家创新高地的意见》

2021年12月26日，河南省委、省政府印发《关于加快构建一流创新生态建设国家创新高地的意见》（简称《意见》），为加快构建一流创新生态并建设国家创新高地，提出了一系列具体的目标任务和措施。《意见》强调以习近平新时代中国特色社会主义思想为指导，将创新放在发展的核心位置，并通过完善创新体系、强化创新平台和主体、集聚创新人才等手段，为实现高质量现代化建设提供科技支持。

具体而言，《意见》设定了短期至长期的多阶段目标。短期内，即在2021年，目标是完成顶层设计和初步构建创新生态的基本框架。到2023年，预期在建设高水平创新平台、推进科技基础设施和科研项目上取得显著成果。到2025年，期望一流创新生态基本形成，到2035年，将该省的创新能力提升至全国前列。

此外，《意见》还明确了加快培育战略科技力量、推进关键核心技术攻关、培育壮大创新主体、加快构建人才高地、完善科技成果转移转化机制、提升创新载体发展水平、深化科技开放合作、提升科技创新治理能力、营造良好的创新创业环境及加强党对创新发展的全面领导等多方面的具体措施。这些措施涵盖了从整合实验室体系、建设重大科技基础设施、争创国家级特色创新平台到加强企业创新主体地位、提升高等院校和科研机构的创新能力，以及集聚高端创新人才等多个方面。整体而言，这一方案旨在全面提升科技创新能力，推动经济社会高质量发展，最终实现国家创新高地的目标。

13.《河南省支持科技创新发展若干财政政策措施》

2022年1月21日，河南省人民政府办公厅发布的《河南省支持科技创新发展若干财政政策措施》（简称《措施》），目的在于落实省委、省政府的决策部署，统筹科技资源，支持创新驱动发展战略。这些措施遵循着聚焦重点、精准发力，统筹整合、加大投入，创新机制、注重绩效，市场主导、政府引导的原则。

该《措施》包括支持省级实验室建设、重组国家级创新平台、改造提升现有省级创新平台、凝练一流课题。同时，《措施》也支持产业创新发展。例如，运作新兴产业和创业投资基金，鼓励企业增加研发投入，支持企业转型为科技型企业，以及加强对首台（套）重大技术装备的研发和应用。

此外，《措施》还强调科技开放合作，鼓励关键重大技术需求的揭榜攻关，争取国家项目，以及科研成果的转移转化。在科技与金融融合方面，提供支持科技信贷业务、鼓励金融产品创新，并支持科技企业利用资本市场融资。为推动"双一流"高校建设，《措施》提供多渠道资金支持，并加大对科研院所发展的支持。针对打造一流人才政策体系，建立高层次人才支持体系，并加大对青年人才公寓和高端人才资源的支持。《措施》还涉及加快布局科技领域新基建，如大科学装置和重大科技基础设施的布局，培育新型研发机构，以及支持智慧岛建设和打造"双创"专业化平台。

最后,《措施》强调构建一流创新生态,包括落实税收优惠政策、设立科技研发计划联合基金,支持组建高能级创新联合体,以及平台运行体制机制的创新。此外,还鼓励大型仪器设施的购置共享,以及区域创新发展的激励。

总体而言,这些措施共同目标在于促进河南省科技创新的全面发展,以科技创新为核心推动经济社会的高质量发展。

14.《河南省企业研究开发财政补助实施方案》

《河南省企业研究开发财政补助实施方案》(简称《方案》)旨在激发企业创新活力,提升研发投入水平,构建产业发展新体系,引导河南省经济实现高质量发展。

该《方案》的指导思想是基于坚定实施创新驱动发展战略,强调市场在资源配置中的导向作用,在通过创新决策和组织模式,使企业成为技术创新和研发投入的主导者。基本原则包括问题导向、转变机制、权责一致和规范公开,旨在解决研发投入强度低和高新技术企业数量与经济大省不相符的问题,同时保证政策的稳定性、持续性和激励性。

该《方案》的主要目标是推动企业建立研发投入预算管理制度,引导企业有计划地持续增加研发投入,从而提升河南省的创新发展水平。旨在健全企业研发费用统计体系,推动省内研发投入强度和高新技术企业数量显著提升,助力转型发展攻坚战。

具体实施内容包括,2020—2022年省财政预算安排专项资金,对经核实的企业年度研发费用按一定比例进行事后补助。申报条件明确指出,符合条件的企业需在河南省注册,拥有独立法人资格,并建立研发经费投入预算管理制度,已先行投入自筹资金开展研发活动等。

补助标准根据企业类型和年度研发费用进行分层级补助,设置了最高补助限额。资金负担由省、市、县(市、区)财政按一定比例分担。其中,贫困县的省级负担比例可适当提高。组织实施部分明确了省级相关部门的职责分工,包括政策指导、监督评价等。市(县)相关部门负责补助工作的具体组织实施。申报审核流程清晰规定了企业申报补助资金的程序和公示要求。此外,还建立了备案管理制度,要求市(县)研发费用补助情况上报省级备案。

保障措施包括建立跨部门联席会议制度,监督检查和绩效评价机制,以及明确的责任追究机制。这些措施旨在确保政策的有效执行和资源的合理使用,同时对违规行为进行严格管理和处罚。

15.《湖北省激励企业开展研究开发活动暂行办法》

2017年2月15日,湖北省人民政府办公厅印发了《湖北省激励企业开展研究开发活动暂行办法》的通知,旨在充分调动全省企业开展研发活动的积极性和主动性,全面提升企业技术创新能力。

文件规定对省内高新技术企业、国家创新型（试点）企业、国家技术创新示范企业、省级以上科技企业孵化器在孵科技型企业等国家重点支持的高新技术领域的企业进行补贴，具体标准是：年销售收入5000万元（含）以下的，企业研发投入占销售收入比重超过5%以上的部分，每年按实际支出的20%予以补贴，每家企业当年最高补贴金额不超过100万元；年销售收入5000万～2亿元（含）的，企业研发投入占销售收入比重超过4%以上的部分，每年按实际支出的10%予以补贴，每家企业当年最高补贴金额不超过200万元。

文件还对科技企业孵化器建设专业化技术服务平台、组建天使投资基金，支持企业承担国家科技计划项目、建设国家级科技创新平台、整合全球先进技术创新资源、支持企业集聚创新创业人才、与省内高校开展研发合作、支持民营企业与军工单位开展研发合作、支持重大装备研发企业与应用企业的创新与合作等方面给予支持。

这一政策的实施旨在支持中小企业积极开展自主创新，加大研发投入。

16. 湖南省——《关于进一步促进规模以上工业企业加大研发投入的通知》

湖南省工业和信息化厅2019年2月28日发布的《关于进一步促进规模以上工业企业加大研发投入的通知》（简称《通知》），旨在引导全省规上工业企业增加研发投入，提升技术创新水平，以实现湖南省在2017—2020年的研发经费投入目标任务。该《通知》强调企业作为技术创新的主体，提出了一系列支持措施，包括加强技术创新型企业建设，支持企业建立高水平研发平台，实施重大创新项目，并鼓励企业在创新发展规划、产业发展规划、产业政策制定中发挥作用。

《通知》还提出了加强企业创新基础平台建设的措施，如引导企业设立新型研发机构和建设工业设计公共技术平台。同时，鼓励企业承担国防领域重大科技项目，以及提供税收优惠和财政奖励等激励措施。

为了加快制造业新型创新载体的建设，《通知》提出了推动制造业创新中心的建设，并对创建国家级和省级制造业创新中心的企业提供一次性资助。此外，强调了加强制造强省建设的技术创新支撑，如发布产业关键共性技术发展指南和技术创新路线图，重点突破产业转型升级的关键技术。

《通知》着重于加大企业技术创新支持力度，包括引导企业建立自发投入机制和财政资金研发投入的稳定增长机制。此外，还强调加快促进企业科技成果转化，建立健全产学研协同创新机制，鼓励企业参与新产品新技术新工艺推广，并促进创新产品的规模化应用。

最后，《通知》强化了企业创新人才队伍建设，加大对高层次创新人才的引入力度，构建有序流动的体制机制，并构建尊重知识与人才的激励机制。同时，落实财税金融激励政策，鼓励社会资金投资企业研发，以及用好鼓励创新的优惠政策。这些措施旨在促进湖南省规上工业企业的技术创新，提高企业竞争力，推动湖南省经济高质量发展。

17.《广东省省级企业研究开发财政补助资金管理办法（试行）》

2015年6月，广东省财政厅、省科技厅印发了《广东省省级企业研究开发财政补助资金管理办法（试行）》（简称《办法》），旨在加强和规范对企业研究开发财政补助资金的管理，提高资金使用效益。

《办法》对省级企业研究开发补助资金做出界定，是由省级财政预算安排专项用于推进全省企业技术研究开发的后补助资金，补助资金安排实行项目库管理。同时，对科技、财政、经信、税务、统计等部门的职责做出明确规定。

《办法》提出了支持的范围和方式、补助资金的支持对象，同时明确由省财政厅会同省科技厅根据全省企业研究开发投入实际情况、省级财力情况和企业规模等情况，测算年度补助资金安排额度，落实资金预算，补助资金支持项目采用事后奖补的支持方式。此外，《办法》对资金的分配管理、资金申报、审核及拨付、信息公开等程序做出了详细的规定，并提出建立包括绩效目标申报审核、绩效跟踪督查、绩效评价的绩效管理机制，对补助资金管理实行责任追究机制。

为贯彻落实本《办法》，广东省先后出台了《广东省激励企业研究开发财政补助试行方案》《广东省企业研究开发省级财政补助政策操作指引（试行）》，旨在引导企业普遍建立研发准备金制度，有计划、持续地增加研发投入。

18. 广西壮族自治区——《科技强桂三年行动方案（2021—2023年）》

为深化科技创新、推动高质量发展，由广西壮族自治区科技厅2021年12月30日印发出台了《科技强桂三年行动方案（2021—2023年）》（简称《方案》），旨在打造从科技强到经济强、产业强的发展新路径。《方案》以习近平新时代中国特色社会主义思想为指导，响应国家重要会议精神及习近平总书记对广西工作的指示，确立科技创新作为区域发展的战略支柱。

《方案》提出到2023年实现全社会研发投入强度超过1.3%，高新技术企业数量达4200家，形成一支由120名以上国家级高层次创新人才组成的人才队伍，以及实现技术合同成交额总额突破2000亿元。这一系列目标将借力创建高水平创新平台、优化科技力量布局、提升整体创新效能，从而带动科技实力和创新能力质的飞跃。除此之外，《方案》介绍了六大实施策略：第一，是夯实创新基础，建设高水平创新平台，并引育高层次创新人才，促进高质量科技成果产出。第二，《方案》旨在支撑工业振兴，通过产业链和创新链的深度融合，推动传统产业升级和新兴产业发展。第三，《方案》将重点支持1000家关键企业，提升其创新能力，以实现经济高质量发展。第四,《方案》着眼于农业科技发展，以科技兴农、强农为目标，深化农业科技创新。第五，围绕人民生活质量的提升,《方案》提出了科技惠民工程,特别是在健康、生态环境、公共安全等方面的科技支撑。最后,《方案》强调了创新功能区的提升,打造区域创新引擎,确保科技成果能够转化为经济发展的动力。

为确保本《方案》实施的成效,提出了加强组织领导、优化工作机制、深化科技体制改革、促进科技成果转化和加大科技投入等保障措施。这些措施旨在建立一个支持创新、鼓励研发投入和促进科技成果转化的环境,以实现广西创新驱动发展和经济高质量增长。

19.《2019年重庆市激励研发投入实施方案》

《2019年重庆市激励研发投入实施方案》(简称《方案》)是由重庆市科技局于2019年8月22日发布的一项政策,主要目的是为了激励社会各界加大研发投入,推动重庆市科技创新和高质量发展。该政策的主要内容可以分为以下几个关键部分。

首先,该《方案》旨在弥补R&D投入的不足,充分利用财政资金。目标是到2019年,全社会研发经费支出达到432亿元,同比增长约9%,研发经费投入强度达到2%。长远目标是到2022年,全社会研发经费投入强度超过全国平均水平。

具体措施是培育创新主体,主要支持工业企业的转型升级,对符合条件的规上工业企业提供后补助;对于开发战略性新产品的企业,提供前补助,最高可达500万元;重点研发项目是围绕大数据智能化、智能制造、智慧城市等领域,支持一系列重点研发项目,资助标准介于50万~500万元;引进高端创新资源,支持建设国家级研发平台,鼓励与国内外知名高校、科研机构及企业共建研发机构,提供高达2000万元的补助资金;对于高层次科学家及团队的引进,提供专项经费资助。

该《方案》也设立了健全的保障机制,政策保障与统计监测和绩效监督。统筹协调建立健全工作协调机制,清单化、流程化政策实施,加强政策宣传和解读。加强资金统筹,优化资金支出结构,持续优化政策,保证资金使用效益。建立健全统计制度,强化对政策实施效果的监测,确保财政资金的高效使用。

总体而言,该《方案》着眼于激发全社会特别是工业企业和科技型企业的研发活力,通过财政激励和支持措施,促进重庆市的科技创新和经济高质量发展。

20.《四川省激励企业加大研发投入后补助实施办法》

四川省科技厅与省财政厅、省统计局、省税务局于2022年11月24日联合发布的《四川省激励企业加大研发投入后补助实施办法》(简称《办法》),旨在加强创新驱动发展战略的实施,激发企业的创新活力,引导企业增加研发投入,并提升企业自主创新能力。该《办法》是根据相关部门意见并结合《四川省科技计划项目专项资金管理办法》制定的,目的是推动四川省企业高质量发展。

该《办法》的核心内容涉及企业研发的定义、企业研发投入的激励方式及补助的具体操作。研发活动被定义为企业为增加知识存量及其应用而进行的创造性、系统性工作，包括基础研究、应用研究和试验发展。该《办法》提出了两类财政补助：一是对企业研发投入的增量部分给予的后补助，即企业补助；二是对市（州）用于激励企业加大研发投入的财政经费支出的后补助，即市（州）补助。《办法》明确了补助对象包括企业和市（州）两类，同时设定了补助的申报周期和条件。企业补助的计算依据是企业在年度纳税申报表中享受的税前加计扣除优惠政策数据，采用分段超额累退比例法计算。市（州）补助的计算依据则是市（州）用于激励企业研发投入的财政经费投入总额。申报受理程序包括发布申报通知、组织申报、审核汇总、资质复核、核定公示及资金下达等环节。企业和市（州）需要提交一系列申报材料，包括企业研发投入补助申请表、财务报表、税务申报表等。

此外，该《办法》还详细规定了补助经费的使用与管理。获得补助的企业和市（州）需要将财政补助经费用于开展科技创新活动，并且不能用于支付罚款、赞助、偿还债务等非创新活动支出。《办法》还包括了监督检查和绩效评估的内容，以确保补助经费的合理使用和效果。

整体而言，四川省的这一政策通过提供财政补助，旨在鼓励企业加大研发投入、创新技术、促进企业和整个省份的高质量发展。这一政策不仅提供了资金支持，也确保了补助资金的合理使用和效果评估，从而在激发企业创新活力的同时，确保了公共资金的有效利用。

21.《贵州省规上工业企业研发活动扶持计划实施办法（试行）》

2022年10月，贵州省科技厅出台了《贵州省规上工业企业研发活动扶持计划实施办法（试行）》（简称《办法》），旨在贯彻落实《国务院关于支持贵州在新时代西部大开发上闯新路的意见》（国发〔2022〕2号）、省第十三次党代会和全省科技创新暨科技奖励大会精神，激励和引导工业企业积极上规入统和加大研发投入。

《办法》围绕实现"十四五"期间全省研发经费投入年均增长12%以上、2025年规上工业企业中有研发活动的企业数占比达到70%目标，通过采取研发费用后补助激励机制，鼓励企业加大研发投入。《办法》分5个部分。第一章是总则，包括《办法》制定依据及实施目标，界定企业研发经费投入、企业研发经费投入奖补资金等相关内容，明确《办法》奖补资金实行总额控制，采取事后补助方式，给予分类奖补。第二章是奖补范围和方式，明确奖补对象必须满足的条件和要求、奖补方式。省级财政奖补资金由省科技厅拨付到企业。第三章是奖补标准，按照"突出重点、分类施策、精准奖补、综合扶持"的原则，对企业按有研发活动和无研发活动两类进行奖补，省科技厅按照奖补标准确定奖补金额，按程序给予奖补。第四章是责任与绩效。包括加强创新主体培育引进、创新工作思路、加强部门联动，依法依规开展工作，明确奖补资金的用途、建立监督检查和绩效评价机制、综合施策鼓励规上工业企业研发活动、对获奖企业进行表彰。第五章是附则,明确由省科技厅、省财政厅、省税务局负责解释及执行时间。

总体来说,此《办法》旨在充分利用财政资金与政策杠杆,强化政策叠加效应,进一步调动规上工业企业创新积极性,促进其余约70%的规上工业企业有效开展研发活动,有效建立起研发经费投入增长的正向循环机制,充分激发企业加大研发投入创新意愿,促进全省经济社会高质量发展。

22.《云南省研发经费投入奖补办法》

云南省科技厅、省财政厅于2021年8月20日联合发布的《云南省研发经费投入奖补办法》(简称《办法》),旨在通过省级财政预算安排的专项资金,支持和引导州(市)增加研发经费投入。

《办法》规定了奖补资金的管理机制,由省科技厅和省财政厅共同管理,依据全省研发经费投入和财政科技支出等因素确定奖补资金总额。资金分配遵循特定原则,包括基础奖补、目标任务奖补和财政科技支出奖补。基础奖补根据各州(市)在全省研发经费投入中的比重进行分配,目标任务奖补则依据各州(市)实现的研发投入增长率进行分配,而财政科技支出奖补则依据各州(市)财政科技支出的情况。奖补对象主要为在云南省内注册的具有独立法人资格的企业,特别是规上纳统企业,且这些企业需要完成研发经费投入的报统工作。资金使用方面,奖补资金用于支持企业进行研发、成果转化、科研平台建设等活动。州(市)科技、财政部门还可以适当安排一部分经费用于科技统计和企业创新政策宣传培训等支出。

资金的分配和使用严格遵守普惠和集中奖补相结合的原则,同时确保奖补资金能及时兑现到符合条件的企业。企业的研发投入数据可以来自统计数据、税收加计扣除数据或经过专业机构评审的企业申报数据等。

《办法》还强调了奖补资金的监管和绩效管理,要求州(市)科技行政管理部门和财政管理部门加强对奖补资金使用情况的监督管理,并进行绩效评价。此外,鼓励各州(市)将科技创新纳入县域发展的考核内容,以此来引导各级政府重视科技创新。总体来说,此《办法》通过设定明确的奖补机制和绩效管理措施,旨在激励云南省各级企业增加研发投入,支持科技创新,促进区域经济的高质量发展。

23.《青海省支持中小企业纾困发展政策实施细则》

2022年4月,青海省财政厅会同省工业和信息化厅制定印发了《青海省支持中小企业纾困发展政策实施细则》,从税费优惠类、金融支持类、科技创新类、激励奖励类、补助补贴类5个方面,明确提出了38条具体的政策举措,助力全省中小企业纾困发展。

其中,税费优惠类措施主要包括加大中小微企业设备器具税前扣除力度,扩大小微企业"六税两费"减免政策适用范围，落细落实西部大开发税费优惠政策，延长贵州省重点群体创业就业、退役士兵自主就业等税收政策执行期限，落实好普惠性失业保险稳岗返还政策和延续实施阶段性降低失业保险、工伤保险费率政策等 5 条措施；金融支持类措施主要包括鼓励企业上市融资、挂牌融资、通过区域性股权市场融资和公开市场直接融资，对开展业务较好的融资担保机构给予奖补资金，对符合条件的融资担保机构注入资本金，对符合条件企业贷款给予贴息补助，鼓励引导金融机构加大对小微企业、"三农三牧"信贷支持力度等 10 条措施；科技创新类措施主要包括支持打造特色创新创业载体、支持企业主导建立科技创新平台和新型研发机构、实施科技创新券制度、对符合条件的中小企业研发投入给予补助等 6 条措施；激励奖励类措施主要包括新增规上、限上企业奖励、专精特新企业奖励，主导制定或修订国家国际标准奖励、省级和国家级创业创新示范基地奖励等 8 条措施；补助补贴类措施主要包括对符合条件企业的建设项目给予后补助，支持综保区、跨境电商综合试验区、外贸转型升级示范基地建设，对生产企业生产要素给予补贴，引进国际先进、填补省内空白的首台（套）重大技术装备补助和对符合条件企业的参展费用给予补助等 9 条措施。

总之，该政策的出台旨在进一步加大助企纾困力度，促进中小企业高质量发展。

24.《宁夏回族自治区企业研究开发费用财政后补助办法》

宁夏回族自治区科技厅、区财政厅、区税务局于 2022 年 11 月 4 日联合发布了《宁夏回族自治区企业研究开发费用财政后补助办法》，旨在通过财政资金的支持，鼓励当地企业增加研发投入，从而促进技术创新和经济发展。该政策包括 3 种补助类型：企业年度研发费用后补助、规上工业企业新增研发费用奖补和首次入规工业企业研发费用奖补。企业年度研发费用后补助主要是根据税务部门认定的年度研发费用总额的 10% 给予补助，对于高新技术企业和科技型中小企业这一比例可提高至 15%～20%。规上工业企业的新增研发费用奖励则是针对研发投入占主营业务收入达到 3% 的企业，按其新增研发投入的 10% 给予支持。首次入规工业企业研发费用奖补是对首次达到规模以上的工业企业，按其上年度新增研发费用不超过 20% 的比例给予当年一次性后补助支持。每家企业当年补助资金额度不超过 200 万元。

企业需在完成税务汇算清缴后的两个月内申请补助，经过市、县（区）科技、财政、税务部门的审核，自治区科技厅和财政厅会对申请进行汇总、审核并公示。补助资金的分担由自治区和企业所在的市、县（区）财政按照 7∶3 的比例共同承担，特定山区九县区的补助资金则由自治区财政全额承担。企业获得的补助资金主要用于科技研发活动，要求在会计科目下进行独立核算，以确保资金使用的规范性和合理性。同时，科技、财政、税务部门将对受补助企业进行严格的监督检查，以确保补助资金的合规使用。例如，企业在申报过程中存在弄虚作假或骗取补助资金等违法违规行为的，将面临追回补助并列入失信名单的处罚。

这一政策的实施旨在激励和引导宁夏回族自治区内企业持续加大研发投入，促进区域内的技术创新和经济高质量发展。

25.《西安市关于支持企业研发投入的补助奖励办法（试行）》

2023年4月，西安市科技局印发了《西安市关于支持企业研发投入的补助奖励办法》，该政策是对《西安市关于支持企业研发投入补助奖励管理办法（试行）》的进一步修订，以更好地引导企业持续加大研发投入，加快推进企业转型升级。

主要对以下几个方面进行修订：一是扩大政策覆盖范围。将研发投入总量100万元和强度达到上年度西安市规上工业企业研发投入强度值的企业的条件门槛降低为研发投入总量50万元和强度达到上年度西安市规上工业企业研发投入强度值的企业，扩大政策覆盖范围，引导规上企业持续加大研发投入支出。二是调整奖补标准。结合经费预算实际，调整了补助标准，由原来分档改为在补助5万元基础上，按R&D投入的1‰增加补助，最高200万元。三是加大制造业和研发设计服务业的企业奖补力度。根据市委、市政府有关要求，加大先进制造业、研发设计企业奖补力度，对制造业和研发设计服务业企业分别在符合奖补条件基础上增加补助3万元。四是调整增量奖励门槛和标准。为引导企业持续加大研发投入支出，将研发投入增量奖励政策调整为50万元，按R&D投入增量的2‰进行奖励，最高100万元。

奖补工作机制和流程基本保持原模式。本文件的出台旨在通过研发投入奖补政策刺激，支持制造业和研发设计服务业企业发展，引导企业建立内部研发机制，保障规上工业企业研发投入强度年度考核指标顺利完成。

26.《乌鲁木齐市企业研发经费投入后补助实施办法（试行）》

2022年5月，乌鲁木齐市制定《乌鲁木齐市企业研发经费投入后补助实施办法（试行）》（简称《实施办法》）提出"十四五"期间，力争研发（R&D）经费投入占GDP比重、高新技术企业、技术合同交易额实现翻一番的目标，强化企业创新主体地位，加快推动产业结构调整和转型升级，鼓励企业加大研发投入，实施研发投入后补助措施，激发企业创新创造活力。

本《实施办法》包括10条内容：一是界定研发（R&D）经费概念和统计要求及依据。二是补助原则。坚持以突出企业创新主体地位、全面支持企业开展研发活动、鼓励企业加大研发经费投入为原则。三是补助对象和范围。明确补助企业的行政区域划分、纳统企业类型及对补助范围和要求。四是补助方式。明确对研发经费投入后补助和研发经费投入增量后补助。五是研发投入后补助标准。对首次申报研发投入补助企业，按上年度实际研发投入计算。六是研发投入经费增量后补助标准。对已获得上年度研发投入后补助的企业，仅对其上年度研发投入的新增部分给予补助，补助比例参照第5条标准。七是研发投入经费后补助工作程序。八是工作职责。明确企业研发投入后补助实施由市科技局牵头，会同市财政局、市统计局组织开展相关工作。九是监督管理。明确补助经费用途及接受相关部门监督检查。十是实施期限。明确《实施办法》发布时限和有效期。

总之，该《实施办法》的出台旨在鼓励企业加大研发投入，增强企业创新主体地位，激发创新活力，推动产业结构调整和转型升级。加快推进"两新产业"增加值占规上工业增加值比重提高2~3个百分点。

27.《南宁市促进全社会加大研发经费投入实施方案》

2021年2月9日，南宁市人民政府印发的《南宁市促进全社会加大研发经费投入实施方案》（简称《方案》）是一项旨在强化城市科技创新能力的政策，它根据强首府战略的要求，提出了明确的研发经费投入目标。该《方案》的核心是通过优化政府财政科技投入的引导作用、强化企业的主体投入作用、加强金融资本对研发的支撑及引导社会资金向研发领域倾斜。政策预计到2025年，南宁市全社会研发投入占GDP比重将达到2.5%以上，规上工业企业的研发经费占比将达到1%以上，研发活动企业占比将达到30%以上。

为实现这些目标，《方案》明确了多项具体措施，如确保政府科技研发支出比例只增不减，优化投入结构，并将一定比例资金用于科技发展。同时，《方案》还鼓励高成长科技企业发展，为新认定的高新技术企业提供奖励，并支持企业建立研发平台。此外，《方案》还着重于激励国有企业增加研发投入，并改善国有企业的创新考核激励制度。

在金融资本投入方面，《方案》推动金融机构提供更多科技金融产品，拓宽企业直接融资渠道，并通过政府投资引导基金，促进政府和私人资本共同投资于创新型企业。社会资本的引导则通过落实税收优惠政策，支持高校和科研院所加大研发投入，引导社会资金特别是私人投资流向企业研发。

此外，《方案》还包括一系列的保障措施，如建立健全科技创新联席会议制度，加强目标任务分解落实，以及精准服务保障等，以确保政策的有效实施。通过这些措施，南宁市人民政府希望能够营造一个支持研发投入的社会氛围，从而提高企业的创新能力和整个城市的科技竞争力。

28.《常德市创新平台和研发投入双倍增行动方案》

常德市人民政府2021年出台的《常德市创新平台和研发投入双倍增行动方案》（简称《方案》）是一项旨在深化"三高四新"战略实施、加速科技创新中心和创新型城市建设的重要举措。该《方案》积极响应党的十九届五中全会对科技自立自强的国家发展战略提出的要求，旨在解决常德市科技创新方面的不足，特别是创新平台建设和研发投入方面。

《方案》的核心目标是到 2023 年，将全市创新平台数量提升至 500 家，并使全社会研发经费投入总量达到 90 亿元，占 GDP 的比重提升至 1.9%。为达成这些目标，《方案》制定了 9 个方面的具体措施：第一是打造区域创新高地，特别强调两家国家级园区的作用，推动常德经开区和高新区成为国家高新技术产业化（示范）基地；第二是推动创新主体的增量提质，通过建立科技型企业梯度培育库，分类施策，精准服务，增强企业的研发投入；第三是支持产业关键技术的攻关，着力于产业研究院的打造和重大攻关项目的实施；第四是重点培育省级以上的研发平台，包括国家级和省级平台，支持优势产业链龙头企业建立研发平台；第五是完善创新创业服务平台，目标是到 2023 年新增省级以上各类创新创业服务平台 60 家；第六是强化创新人才的引进和培育，实施相关人才政策，注重柔性引才和地方籍院士的引进；第七是加速科技成果的转移转化，鼓励高校和科研院所与企业合作，引进专业运营和科技服务机构；第八是加大财政奖补力度，更有效地发挥财政资金在创新动能提升方面的作用；第九是优化科技创新生态，实施各类激励政策，如研发投入加计扣除、专利奖补等，以激发科研人员的创新活力。

《方案》还提出了确保实施效果的保障措施，包括强化组织领导、政策引导和考核督导。这些措施旨在确保方案的全面落实，以及通过强化领导和政策支持，确保科技创新成果的转化和应用。通过实施这一系列综合措施，常德市期望在科技创新方面取得显著成果，为全市经济发展和现代化建设提供有力的科技支撑和保障。

29.《郴州市加大全社会研发经费投入行动计划（2018—2020 年）》

郴州市人民政府办公室于 2018 年 12 月 29 日印发的《郴州市加大全社会研发经费投入行动计划（2018—2020 年）》（简称《行动计划》），是一项旨在增强郴州市科技创新能力的综合计划。该《行动计划》遵循"党委领导、政府引导、企业主体、金融支持、社会参与、协同推进"的原则，旨在通过整合产业链、创新链、金融链、人才链和价值链来促进高新技术企业的快速增长，并为实现"五个郴州"目标和全面建设小康社会打下基础。该计划的工作目标是到 2020 年，实现全社会研发经费投入总量约 75 亿元，占 GDP 的比重达 2.5%，其中企业研发经费投入约 71 亿元，占比为 95%；高校及科研院所约 3 亿元，占比为 3.7%；其他单位约 1 亿元，占比为 1.3%。

《行动计划》旨在通过一系列综合措施，加强郴州市的科技创新和研发能力。主要措施包括强化政府在研发投入中的引导作用，确保资金投向高新技术企业、创新型企业、高校和科研院所；培育和扩大创新型企业群体，同时提升企业在研发投入中的主体地位；加强产学研间的协同创新，建立有效合作机制，并致力于高层次人才团队的建设；实施金融财税激励政策，以创新科技金融的融合方式提供支持；通过加强统计工作机制,提升对研发投入的监测和服务能力,确保各项措施的有效实施。

组织保障包括加强组织领导,建立责任机制,严格考核评价,强化执行督导,并拓宽宣传渠道,以提高全社会对加大研发投入的意识和积极性。这些措施旨在推动郴州市经济向科技创新驱动的方向发展,同时促进社会和经济的全面小康。

30.《九江市加大全社会研发投入攻坚行动方案》

2016年12月14日,九江市人民政府办公厅印发的《九江市加大全社会研发投入攻坚行动方案》,旨在响应江西省关于增强企业技术创新主体地位的要求,并支持"新工业十年行动"。该方案设定了明确的目标任务:到2017年,研发经费达到25亿元,占GDP的比重超过1.1%,力争达到1.2%,并希望规上工业企业的研发经费占比达到0.5%以上;到2020年,研发经费投入目标增至54亿元,占GDP的比重达到2%,同时规上工业企业的研发经费占比达到1%以上。

为实现这些目标,九江市将采取多项措施,包括提升财政科技经费的引导作用,强化企业研发投入的主体地位,并建立企业研发投入资金补助的激励机制。这些措施旨在鼓励更多企业开展研发活动,并通过财政资金后补助的方式来促进企业技术创新。同时,市政府计划提高科研院所、高等院校和公立医院的研发投入,强化这些机构与企业之间产学研合作的紧密度。

此外,九江市还将建立研发导向的项目扶持机制,优先支持那些研发投入强度大的企业,并对没有研发投入的规上企业不予财政支持。同时,将加强创新平台和新型研发机构的建设,支持重点园区和企业建立研发平台,并采取后补助方式进行支持。

金融资本和社会资金的投资研发活动也将得到鼓励和支持,建立起多渠道研发投入体系,吸引社会资本参与企业技术创新。科技统计的培训与指导机制也将得到加强,确保数据的准确性和时效性。企业被鼓励做好研发辅助账等基础性工作,并确保相关的财税优惠政策得到落实。整个方案的实施将由市创新驱动"5511"工程推进小组负责,建立工作机制,完善考核评比,以确保方案的有效实施和目标的达成。

31.《开封市科技创新"六个一流"实施方案》

2021年11月25日,开封市人民政府发布的《开封市科技创新"六个一流"实施方案》(简称《方案》)是一项全面的计划,旨在通过深入实施省委、省政府的创新驱动战略,构建一流的创新生态和科技创新体系,从而增强科技硬实力和经济创新力。该《方案》的核心目标是到2022年实现规上工业企业的研发活动全覆盖,到2025年使高新技术企业数量和省级以上创新平台数量翻番,并且使全社会研发投入强度及地方一般公共预算科学技术支出的年均增速和占比均超过全省平均水平。

《方案》细化了六大关键领域的具体措施。第一,重点在于建设一流的创新平台,如省级高新区、大学科技园及省级中试基地等,预计到2022年新建超过50家市级以

附录 B　各省（自治区、直辖市）企业研发投入激励政策综述

上的重点实验室、工程研究中心、企业技术中心等。到 2025 年，目标是实现各县省级高新区、农业科技园全覆盖，并建成超过 1000 家市级以上创新平台。第二，《方案》强调凝练一流创新课题，计划每年实施超过 20 项重大科技专项，加强黄河流域生态保护和高质量发展战略研究，并在储能、氢能、新材料等新兴产业技术领域实施重大科技专项。第三，《方案》致力于培育一流的创新主体。通过实施规上工业企业研发活动全覆盖计划、创新型引领企业培育计划和高新技术企业倍增计划，旨在激发和培养企业的创新能力，特别是对高新技术企业和科技型中小企业的支持。第四，集聚一流的创新团队也是该《方案》的重点。计划通过建立院士工作站、引进外国高端人才、认定科技创新团队等方式，吸引和培养顶尖的科技人才。第五，《方案》旨在创设一流的创新制度。这包括完善科技投入机制、优化科研评价体系和创新科技管理制度，如实行大项目"揭榜挂帅"和"赛马"制度，赋予科研人员更大的自主权和决策权。第五，厚植一流创新文化也是该《方案》的关键组成部分。这涉及加强创新宣传、知识产权保护和提升全民科学素质，旨在营造尊重知识、人才和创新的社会氛围。

综上所述，开封市的这一全面创新战略计划，通过集中资源和精力在关键领域，旨在将该市转变为全省乃至全国的创新高地，推动城市的高质量发展。

32.《安顺市 R&D 经费投入强度提升三年行动方案》

安顺市科技局于 2021 年 9 月 8 日发布了《安顺市 R&D 经费投入强度提升三年行动方案》（简称《方案》），这是一项旨在实施创新驱动发展战略，推动产业转型升级，并促进科技创新支持经济社会高质量发展的重要举措。该《方案》的主要内容和要求如下。

《方案》以习近平新时代中国特色社会主义思想为指导，致力于贯彻落实党的十九大精神。《方案》坚持技术创新与制度创新双轮驱动，主要聚焦于创新驱动发展战略的实施，旨在建设创新型城市，支持供给侧结构性改革，并以深化科技体制改革为动力。具体目标是，加快全社会 R&D 经费投入，优化经济发展结构，促进传统产业改造提升和战略性新兴产业发展，力争到 2020 年全市全社会 R&D 经费投入强度达到 0.9%，2021 年达到 1.2%，并于 2022 年与全省同步达到 1.4%。

在政策举措方面，《方案》包括多个关键点：鼓励企业申报研发平台，对新设立的专业研发机构给予市级科研平台项目支持；激励规上企业加大研发经费支出，提供财政科技资金补助；推动产学研结合，支持企业与高校、科研院所合作开展产业技术研究；对高新技术企业和科技人才工作站提供财政资金支持；安排市财政资金支持高校和科研院所进行应用基础研究和科技成果转化；优先支持科技型中小企业发展；支持符合条件的新型研发机构增加研发经费投入，促进企业获取和维持知识产权。

为保障该《方案》的有效实施，设立了一系列保障措施：成立领导小组和办公室负责方案执行；制定具体政策措施，形成激励创新的政策体系；加大政府财政科技投入力度，提高资金使用效益；深化科技管理体制改革，激发科研人员的积极性；加强研发经费的统计工作，推动统计结果共享；并将研发经费投入强度纳入县区综合考核体系，以督促目标任务的全面落实。这些措施旨在全方位促进安顺市的科技创新和经济发展，推动全市向高质量发展目标迈进。

通过这一系列综合措施，安顺市旨在实现经济社会高质量发展，推动创新驱动战略，提升全市的科技创新能力和产业竞争力。

33. 锡林郭勒盟——《关于加强全盟企业科技投入统计机制工作方案》

《关于加强全盟企业科技投入统计机制工作方案》（简称《方案》）是锡林郭勒盟行政公署办公室于 2021 年 7 月 18 日印发的一项重要方案，旨在准确反映该盟的研究与试验发展（R&D）投入水平，提升统计数据质量，并力求全面准确地反映 R&D 投入统计数据。

该《方案》的总体要求是以习近平新时代中国特色社会主义思想为指导，深入贯彻 R&D 投入统计规范，转变统计思想，坚持目标导向和结果导向，同时强调部门协同和上下联动。《方案》的目标是到"十四五"末，实现 R&D 经费投入强度达到 0.5%，符合自治区的目标要求。

锡林郭勒盟行政公署办公室发布的《关于加强全盟企业科技投入统计机制工作方案》涉及 5 个主要工作任务：首先，明确责任落实，其中盟统计局负责调查企业法人单位的 R&D 活动，盟科技局负责科研机构的 R&D 活动及科技政策的宣传和培训，盟财政局则聚焦于政府财政 R&D 支出的归集与指导。其次，强调加强协调联动，通过建立半年一次的 R&D 投入统计联席会议制度来汇报统计情况并解决存在的问题。再次，激励企业增加研发投入是另一关键点，《方案》通过建立政府研发投入刚性增长机制和实施税收优惠政策及财政资金奖补等措施来引导企业加大研发投入。此外，完善考核评价机制也被提上日程，将 R&D 投入情况作为旗县市（区）党政领导班子和相关部门的年度考核指标。最后，《方案》强化了基础工作，要求各旗县市（区）每年至少开展一次 R&D 投入调查，全面了解企业和科研机构的科研活动情况，确保信息的全面采集。

组织保障方面，要求加强组织领导，各地区和部门之间加强沟通协调，牵头单位要担负起责任，明确任务推进计划和责任分工。此《方案》的实施对提升锡林郭勒盟的科技创新能力和推动科技进步具有重要意义。

34.《大连高新区关于规范企业研发活动的指导意见（试行）》

大连高新技术产业园区科技创新局与大连市国家税务局高新技术产业园区分局于 2021 年 11 月 30 日印发《大连高新区关于规范企业研发活动的指导意见（试行）》（简称

《指导意见》),旨在促进科技企业的高质量发展,通过明确研发活动的规范流程和费用管理,提升企业的创新能力和研发管理水平。这份指导意见界定了研发活动的范围,包括基础研究、应用研究和试验发展,并强调了严格遵循国家关于研发费用的相关政策。

针对研发活动流程,《指导意见》提出了规范步骤。企业首先需要根据自身的发展规划和市场需求制订研发计划,然后对计划进行可行性评估和审核,确保研发活动的必要性和成效。通过审核的项目需要编制立项书,明确项目的实施进度、资金预算、责任分配和预期目标等,确保研发活动有序进行。此外,企业还需要建立研发成果的保护机制,防止技术泄露或知识产权侵权。

在研发费用核算方面,《指导意见》要求企业建立独立的管理制度,从项目预算控制到财务核算都需严格规范操作。特别是对于联合开发或外包开发的项目,需要确保合同的合规性,并正确计入财务账目。研发费用的拨付和使用都应遵循企业的内部控制制度,并定期进行审查。

此外,大连高新区还建立了研发活动核查制度,由区科技创新局与相关单位联合进行。这一制度旨在定期对企业的研发活动进行审查,确保其符合规范要求,特别是对研发费用的使用和统计上报进行严格检查。

这份《指导意见》不仅为企业提供了研发活动的规范框架,还明确了不符合规范的后果,保证了企业研发活动的高效和规范。同时,它也是企业在申报研发投入支持政策时的重要参考依据。

35.《都昌县加大全社会研发投入攻坚行动方案》

都昌县人民政府办公室 2021 年 6 月 16 日印发了《都昌县加大全社会研发投入攻坚行动方案》(简称《方案》),旨在促进经济社会高质量发展。该《方案》是为响应国家、省、市关于加大研发投入的决策部署,特别是针对"十四五"期间的发展目标而制定的。它旨在激发全社会创新活力,提高研发投入的主动性、针对性、精准度和有效性。

《方案》设定了明确的目标,包括"十四五"期间研发投入的增长目标,规上企业参与研发活动的比例提高,高新技术产业在工业增加值中的比重增长,以及万人有效发明专利拥有量的持续增长。到 2025 年,预期全县全社会研发经费占 GDP 的比重达到 2%,规上工业企业研发经费占营业收入的比重达到 1%。

主要措施包括发挥财政科技经费的引导作用,完善鼓励全社会研发投入的奖励政策,建立多部门联合的项目激励及扶持机制,强化企业研发投入的主体地位,加大科技创新型企业的招引孵化力度,建立企业研发投入奖励制度,提高科研机构和医疗机构的研发投入,加大农业领域研发投入,加强创新平台和新型研发机构的建设,鼓励金融资本和社会资金投资研发活动,加大研发投入统计培训与指导,以及指导和督促企业做好研发辅助账等基础性工作。

为确保该《方案》的顺利实施,都昌县成立了由县政府分管副县长任组长的领导小组,建立了联席会议制度,以强化组织领导、明确职责分工,共同推进全县全社会研发投入攻坚行动。

参考文献

[1] 邵欢. 政府R&D补贴对企业创新绩效的影响机制及经济后果研究[D]. 重庆：重庆大学，2021.

[2] 吴剑峰，杨震宁. 政府补贴、两权分离与企业技术创新[J]. 科研管，2014，35（12）：54-61.

[3] 刘小元，林嵩. 地方政府行为对创业企业技术创新的影响：基于技术创新资源配置与创新产出的双重视角[J]. 研究与发展管理，2013，25（5）：12-25.

[4] 赵中华，鞠晓峰. 技术溢出、政府补贴对军工企业技术创新活动的影响研究：基于我国上市军工企业的实证分析[J]. 中国软科学，2013（10）：124-133.

[5] 李香菊，贺娜. 税收激励有利于企业技术创新吗？[J]. 经济科学，2019（1）：18-30.

[6] 刘怡芳. 我国政府R&D补贴对技术创新的影响研究[D]. 长春：东北师范大学，2017.

[7] 尹净. 电子通讯行业政府补贴与R&D投入对企业财务绩效的影响研究[D]. 哈尔滨：哈尔滨理工大学，2021.

[8] 王娅莉，陈雷. 政府对企业R&D资助的方式及利弊分析[J]. 科技进步与对策，2003，20（2）：15-17.

[9] 王欣欣. 山东省政府R&D补贴的技术创新效应研究[D]. 济南：山东财经大学，2021.

[10] 胡卫. 政府资助企业R&D的政策工具及其效果研究[J]. 自然辩证法通讯，2007（6）：54-59，111.

[11] 于婕. 政府研发资助对技术创新产出的影响[D]. 北京：商务部国际贸易经济合作研究院，2022.

[12] 张跃. 广东研发后补助政策对企业研发投入的影响研究[D]. 广州：华南理工大学，2020.

[13] 辛梓娇. 不同的政府补助方式的政策效果研究[D]. 厦门：集美大学，2022.

[14] 郑谦. 公共物品的公共性探讨[J]. 兰州学刊，2009（9）：41-46.

[15] 骆品亮，向盛斌. R&D的外部性及其内部化机制研究[J]. 科研管理，2001（5）：

56-57.

[16] 李晓燕.融资约束、政府补贴与R&D投入[D].上海：上海师范大学，2019.

[17] 静晨曦.政府R&D补贴对企业技术创新的影响[D].重庆：重庆大学，2019.

[18] 刘慧莹.政府R&D补贴对企业研发投入的效应研究[D].杭州：浙江财经大学，2018.

[19] 韩猛.减少挤出效应的政府R&D补贴力度研究[D].南京：南京航空航天大学，2013.

[20] 阮班会.市场失灵的几种形式[J].理论与现代化，1998（3）：40.

[21] 刘憧.政府补贴、融资约束与R&D投资行为研究[D].长春：吉林财经大学，2018.

[22] 朱媛，詹媛媛.政府补助、融资约束与企业R&D投入：基于A股上市公司的实证研究[J].生产力研究，2020（9）：79-82.

[23] 程华.技术创新与政府作用[J].经济问题探索，2000（8）：67-69.

[24] 陈世辉，殷晓红.政府研发补助、寻租与企业研发绩效[J].会计之友，2019（10）：61-68.